Closing the Attitude Gap:
How to Fire Up Your Studentsto Strive for Success

改善学生学习态度的58个建议：
学习态度决定学习成绩

[美]
巴鲁蒂·卡费勒
Baruti K. Kafele

仿佛就坐在他的教室里，体验每一个感动时刻

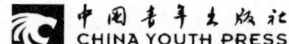

图书在版编目（CIP）数据

改善学生学习态度的58个建议：学习态度决定学习成绩/（美）卡费勒著；陈宇译.
—北京：中国青年出版社，2014.6
ISBN 978-7-5153-2406-7
Ⅰ.①改… Ⅱ.①卡… ②陈… Ⅲ.①学习方法—研究 Ⅳ.①G791
中国版本图书馆CIP数据核字（2014）第090852号

Translated and published by China Youth Press with permission from ASCD. This translated work is based on Closing the Attitude Gap: How to Fire Up Your Students to Strive for Success by Baruti K. Kafele, © 2013 ASCD. All Rights Reserved. ASCD is not affiliated with China Youth Press or responsible for the quality of this translated work.
Simplified Chinese translation copyright © 2014 by China Youth Press.
All rights reserved.

改善学生学习态度的58个建议：
学习态度决定学习成绩

作　　者：［美］巴鲁蒂·卡费勒
译　　者：陈　宇
责任编辑：周　红
美术编辑：张燕楠
出　　版：中国青年出版社
发　　行：北京中青文文化传媒有限公司
电　　话：010-65511270/65516873
公司网址：www.cyb.com.cn
购书网址：zqwts.tmall.com
印　　刷：大厂回族自治县益利印刷有限公司
版　　次：2014年8月第1版
印　　次：2021年4月第3次印刷
开　　本：787×1092　1/16
字　　数：50千字
印　　张：8.5
京权图字：01-2013-7924
书　　号：ISBN 978-7-5153-2406-7
定　　价：36.00元

版权声明

未经出版人事先书面许可，对本出版物的任何部分不得以任何方式或途径复制或传播，包括但不限于复印、录制、录音，或通过任何数据库、在线信息、数字化产品或可检索的系统。

中青版图书，版权所有，盗版必究

序　言 ——————————————————————— 007

第1章　学校的环境和风气影响学生的学习态度 ————— 011

　　环境和风气对学生的学习态度造成深远影响 / 016

　　欺凌行为的滋生 / 019

　　教室内的见闻、感受、体会 / 020

　　让学生做最真实的自己 / 022

　　由于贫困的原因产生的学习态度差异 / 024

第2章　老师对学生的态度（我对他们是否有信心）————— 027

　　对你的学生有信心 / 032

　　讲出你对学生的信心 / 034

　　对教学的热爱 / 034

　　对学生的关爱 / 037

Contents

对自身专业发展的期许 / 037

教学的目标 / 039

将教学工作视为使命 / 041

明确自己对学生的期望 / 042

为学生制定短期和长期的目标 / 045

为学生制订每天的学习计划 / 046

做学生们的榜样,引导正确的方向 / 047

老师的态度是决定学生成功与否的首要因素 / 049

每天要进行自我反思和自我评估 / 051

第3章 老师与学生的关系(我是否了解他们) —— 055

了解你的学生 / 060

了解学生的学习方法 / 061

让学生保持学习的热情 / 062

激发学生卓越的学习动力 / 063

了解并支持学生的目标和志向 / 064

了解学生的需求和兴趣 / 066

了解孩子的经历和现实状况 / 067

了解学生面临的困难和障碍 / 069

与学生家长建立联系 / 069

了解学生的生活环境 / 070

目 录

第4章 你的态度（我关心他们吗）——071

表现出你的关心 / 075

表现出对他们的喜爱 / 075

表现出你欣赏他们 / 076

表现出你尊重他们 / 077

表现出你对他们的理解 / 078

表现出你体谅他们 / 079

表现出你对他们的耐心 / 081

表现出一视同仁 / 081

表现出你尽心尽力 / 082

表现出你的不卑不亢 / 083

第5章 学习的环境（我是否为他们提供了最佳的环境）——085

为学生提供一个良好的学习环境 / 090

张贴班级目标宣言和愿景 / 092

张贴全校的标准化评估目标 / 093

张贴学业优秀标准 / 095

张贴学习的目标和策略 / 097

张贴"荣誉墙" / 101

张贴励志的名言警句 / 106

张贴与学生有关的历史图片 / 107

Contents

张贴大学的校名和图片 / 108

张贴职业的名称和描述 / 108

第 6 章　中肯的指导（我了解"学生的故事"吗）——— 109

了解你的学生 / 115

让学生知道"自己是谁"/ 116

学生了解"自己的故事"的重要性 / 116

确保学生了解学习"自己的故事"的重要性 / 117

向学生讲述"自己的故事"是教育者的责任 / 118

学习"他们的故事"是学生的责任 / 121

在教学中涉及有关"学生的故事"/ 121

帮助学生理解且认同所教授的内容 / 123

了解"他们的故事"的方式会影响学生对自己的认知 / 124

了解"他们的故事"会影响你对他们的认知 / 124

结　语 ——— 127

序言

2009年8月，我的一本书出版了，这本书彻底改变了我的生活。在写那本书之前，我是新泽西州纽瓦克市一所高中的校长。"校长这个职位就是为我定制的"，我常常跟别人这样说。在14年的校长任职经历中，我深深地热爱这个职业，每天都充满激情。作为校长，早上起床后，到达学校时，便展开了鼓励、教育、施政的工作，对此，我乐此不疲。因此，我不再简单地自称巴鲁蒂·K.卡费勒，而是在我的姓氏后加上了一个"校长"称谓。就算我离开学校后，我也自称"卡费勒校长"。为了让我发挥教育和校长工作方面的最大潜能，我必须要时时刻刻都是卡费勒校长（身边的所有人都称呼我卡费勒校长了）。

在我任职的学校，学生约70%是非洲裔，剩下的30%是拉丁裔，其中约85%的学生在学校享用免费或低价的午餐。在我来之前，该校水平（AYP）从未达标。由于我注重于转变学生的态度，这可

| Introduction

能是自我任校长之后该校的测试成绩突飞猛进的原因,也令该校获得了美国国内的广泛认可。

在纽瓦克技术高中取得这些成绩的同时,《调动黑人男孩的积极性——在学习和生活中实现自我》这本书也获得了越来越多的关注。我的手机铃声从未间断,电子邮件像雪花一样不断飘进我的邮箱。来自美国各地,甚至是海外的学校和教育管理者联系到我,邀我去当地学校举办研讨会,他们都表达出了对于解决如何调动学生积极性这一问题的强烈愿望。

在经历了两个春秋之后,这种愿望和需求依然不断增强。对于我应该做什么变得犹豫起来:是留在纽瓦克技术高中当一个校长,留在挚爱的岗位呢,还是离开学校,去探讨解决国内外的种种教学问题,满足他们的种种需求呢?在经历了两年的深思熟虑之后,我还是决定选择后者。离开这个全身心投入了六年的校园,对我来说确实难以抉择。尽管都是为了教育事业,但在离开纽瓦克技术高中的第一年里,我还是感到了种种不舍之情。不过,后来从2011年7月1日,我开始了新的使命,那就是全力为教育工作者提供调动学生的学习积极性的方法。

本书是一本给教育工作者激励学生的指南,我都记不清有多少校长在我做报告前嘱咐过我,要讲一讲以下这些内容:

- 给我们讲讲怎样调动老师们的情绪。

序 言

- 给我们的老师打打气。
- 激励一下我的教工们。
- 我们的教师们确实需要你鼓励。
- 我们的老师不知道自己有多重要,需要你来提醒他们。
- 对我的老师们不要手下留情。
- 给他们加把劲!

我的座右铭是"充满激情教学"。我也希望你能够充满激情,并且能够在任教师期间一直保持下去,不断地将育人的使命完美完成。

我不会把自己塑造成一个学者、知识分子、研究者或是职业顾问的形象,否则我将会感到懈怠。他们确实能在某些方面提升教育水平和学生的表现,但都无法完全代表我的工作。我是一个实践者——在城市的一线教师和校长岗位工作了二十多年,并且将来有一天还会返回教学一线。正是凭借在一线教学中的经历和感悟,我写下了这本书。

Closing the Attitude Gap

第 1 章

学校的环境和风气
影响学生的学习态度

How Climate and Culture Shape Attitude

自我反思
Reflective Questions

在阅读本章前,请对着镜子回答下列问题:

1. 环境和风气对学生的学习态度造成深远影响
2. 欺凌行为的滋生
3. 教室内的见闻、感受、体会
4. 让学生做最真实的自己
5. 由于贫困的原因产生的学习态度差异

1 How Climate and Culture Shape Attitude

　　自从我成为一名教师以来,对于怎样缩小成绩差距这个问题,教育工作者一直是通过国内标准测验的成绩来衡量。而近年来美国国内的数据表明,成绩差距并不是普遍存在。在去过一些学校和学区之后,我发现很多人其实没有成绩差距感,反而会因为一点细微的进步而感到良好。

　　在公立学校里,在我作为教师和校长的那段时间,我一直认为学生们十分聪明,颇具才华。他们具有实现目标的能力——这是我完成使命的前提。对我而言,成绩存在差距其实并没有什么关系。如果他们带着一种不如别人的想法进入校园,坐到课堂里,这时激发他们最大的潜能是不可能的。学生们必须处于良好的状态,时刻准备着努力学习。

　　我开始思考出现成绩差异的各种原因。如何产生的?差别在哪里?出现群体差异的原因在哪儿?是人种、智力不同,还是社会、文化、经济、政治造成的影响?我想弄清其中的原因,为什么成绩差异会出现并且一直存在。当我逐个对上面提出的假设进行分析时,我发现有另外一种差异长期以来没有获得应有的重视:学习态度差异。我把这个差异定义为:那些有想法主动追求优秀学习成绩的学生与不追求优秀成绩的学生间的差异,这里的关键点就是"主动追求的想法"。学生需要这种想法,有了这种想法才能取得成功。换言之,这种想法指的就是他们的态度,他们想要成功。而这种"想法"是无法教给学生的,必须要靠学生自己,所以这给老师们带来了一定的挑战。本书的一个目的就在于此——激发学生主动追求优秀学习成绩。

在作为老师和校长的经历中,我遇到过一些学生,他们的家庭环境十分令人堪忧。对于很多人来说,步行往返学校都是一个困难的过程,这比在学校上课还要难受得多。很多学生居住的环境并不好,周边常常发生暴力事件,在这种环境下生活的人可能彻底丧失积极性和学习的主动性。我常常向教育工作者们提起,对于生活在这种环境下的学生可以表达你的同情心,但不能表露出遗憾之意,表示遗憾对于帮助他们摆脱现状的影响毫无帮助。学生希望得到的不是我们的同情,而是我们的启发和支持,以此改变现状。因此,我们应当担负起让他们变得优秀的重要责任。只有这样,他们才能觉得尽管面对着重重困难,但在老师们的帮助下,将来总会有展翅高飞的那一天。正如阿拉伯的一句谚语,"一个人跳舞跳得不好,却说敲鼓的人敲得不好。"我们不能从别人身上找原因,而是要扪心自问,"要想改变学生们的态度,让他们每天都能信心满满地走进教室努力学习,我们应该怎么做?"

态度决定一切。 看一下我的经历:从高中二年级时经历复读,到大学以最优异成绩毕业,这两段经历中态度有什么不同吗?其他经历了艰难困苦而后一举成功的人,态度如何变化?这之间又有什么共性吗?我总结为:态度的转变。

环境和风气对学生的学习态度造成深远影响

有一天,一位同事告诉我说,她打算周末那两天去参加一个读写能力的大型讨论会,她觉得面对那些努力的学生,自己的教学还有待提高。能够学习应用新的教学方法让她觉得十分兴奋,并且特别期待听到其中一位的发言,那时候我还是一位六年级的老师。

到了下周一,我提前半小时来到这位同事的课堂,此时的她精神面貌非常好。她对我说,一想到自己的学生可能面临困境,这两天她夜不能寐。因为周末学到了很多教学新方法,想要立即运用到自己的教学中。

过了一段时间,我去她的课堂上感受一下新教学方法的效果

学校的环境和风气
影响学生的学习态度

如何。进了教室,她坐在讲桌后,表情中显露出一些困惑,于是我去找她聊了聊。她说由于学生们的表现并不好,这些方法的效果没有发挥出来。她还告诉我,自己的很多时间都花费在了管教学生上,而不是指导他们。这在我的预料之中,我确实觉得这些新阅读方式可能难以收到很好的效果,原因是她的班级中存在严重的风气和环境问题。这些问题早把新的教学方法的效果掩盖了,事实很清楚,她的班级中的学生对接受新的学习方式非常抗拒。

事实上,老师在课堂中面临着很大压力。既然成绩水平必须提高,各个学校就把不断提高考试分数当作了首要目标,这与世界领先的教育理念完全不相匹配。我们已经形成了一种重视考前培训和考试分数的怪异状况:如果一所学校的分数有所提高,并达到年度进步(AYP)的标准,该校会被认为是表现出色。于是,学校的唯一压力就是如何保持这一进步势头。如果未能达到年度进步水平,学校面对的压力会空前巨大:在学校的分数公布之后,要避免制裁措施的负面影响;学校会进行改组,管理者和教师都会进行交换,整个学年学校的教学计划会进行全部修改。

在到各学校走访的过程中,我发现学校和教师都表现出了恐慌和压力。我与一些曾受过打击的老师进行了谈话,他们有些人甚至开始怀疑自己是否还要从事教师工作,他们觉得已经竭尽全力,很难再做得更好了。

017

1 How Climate and Culture Shape Attitude

在跟一位来自东北部城市的中年白人女教师聊天时,她专门讲到了那些五年级的黑人男孩们:她非常希望这些孩子们能够成功,但感觉自己没法向他们讲明白学习的重要性。聊到后来,她不禁流下了眼泪。可以看出她的内心十分受伤。她说自己十分爱这些孩子们,但已经尽其所能,未能将他们的学习积极性调动起来,她还觉得学生出现了严重的行为问题。我打算第二天学生们到校后,去她的课堂中一探究竟。我觉得她的这些问题基本上就是由班级,甚至学校里的风气和环境造成的,因此我先对她的课堂风气和环境进行了宏观的了解。

一走进教室,我就发现了这里存在很多问题。教室混乱而无序,墙上空空如也,基本看不出来老师究竟发挥了什么作用。留校惩罚板上写满了名字,有的在名字后还有一串标记,这些孩子多次受到了惩罚。看看这些学生的眼神,就可以知晓他们一定很出色,他们一定很聪明,也有干大事的潜力。问题就在于,教师过多使用对学生的惩罚,而对教室内的风气和环境不够重视。

这里的风气和环境指的是什么?我专门研究过教室里的风气,也读过很多的相关文献,总结为一个词,就是"氛围"。当我专门研究某个学校或某个班级的环境时,我主要测定的是整体的感觉和气氛,看看其对教师教学能力和学生学习能力的影响。学校和班级的环境也可以用一个词来概括,即"生活方式"。在研究某个学校或某个班级的环境时,我侧重研究生活环境是如何影响教师和学生的。而在综合考虑学校的风气和环境时,我会考量学生的见闻、感受和体会,来看看学习环境是否会促进学生形成良好态度,做出正确决定,从而获得成功。

欺凌行为的滋生

在全美的学区和各学校中,欺凌行为越来越受到重视。在欺凌问题日益严峻的大环境下,对于谁去发现这类问题,越来越多的人认为所有人都应当承担责任,而风气和环境是欺凌行为能否在教室或校园内滋生的决定因素,因为风气和环境可以有效地传递出一种"欺凌行为是不被允许和不被接受的"信息。

哪怕是不太明显的校园欺凌行为,风气和环境也有管束的作用。我记得在我的的学校里有一名学生跟其他同学相处得还算和睦,但从来没有跟哪个同学去餐厅一起吃过饭。相比而言,她更愿意每天泡在图书馆里。我自始至终都不认为她真的就是想要读书,在更深入地了解以后,我发现她之所以不想去餐厅的原因在于,自己所穿衣服的款式和品牌显得与其他同学不同,打扮常被同学们嘲笑。后来我还发现,即便是在教室里,她也被同学们取笑过,而老师对此并不知情。这是由于风气和环境造成的,为了改变学校里的这种状

1 How Climate and Culture Shape Attitude

况,作为校长,我必须要把这种问题指出来,也让老师们在班级内指出来。通过揭示问题,让学生和老师觉得必须要严肃对待,这对于改变当前状况、改善风气和环境都十分有利。

在其他地方,这种方式也能适用:优先培养一种包容性的风气和环境,以促进学生健康成长,并取得优秀成绩。教室的气氛对于学生能否以最佳状态学习意义重大,他们的见闻、感受和体会决定了学习的效果好坏。仅凭你的期望和想法,就算有再好的学习方法也难以让学生们接受,你必须把重点放在改善整体的学习氛围中来。

教室内的见闻、感受和体会

在与一些五年级任课教师进行的课后交流会上,我们先从学生迈入教室开始的所见进行分析,包括座位安排、墙壁装饰、公告板内容、教室的空间利用,以及教室内的老师与学生。这些人和事物对于学生来说,会有什么影响吗?

然后,我们讨论了学生的所闻。老师和学生第一次碰见将是什么样的?会有怎样的问候?老师会用怎样的方式和语调与学生对话?学生们的交流会是什么样的?他们是友善的、有序的,还是创新的?是否互相关心,有同情心呢?用的是哪种语言呢?哪些言语可以接受，哪些是不受欢迎的呢？

这之后，我们又分析了学生们进入教室时的感受。他们的感受如何？教室内的氛围是松懈的吗？还是有助于学习呢？学生们觉得舒服吗？是不是存在欺凌的现象，而老师并不知晓？学生是否认为自己有价值、受赏识，并且能得到尊重？遇到烦恼时，他们能否感到安全、不拘束？对自己感觉比较良好？

最后，我们还对教室内的整体体会进行了研究。在教室内，学生想要成为什么样的人？他们想要处在一个怎样的日常环境中？教学是以学生为中心吗？对学生要求严格吗？学习活动是否能顺利开展？学生们在这里有什么体会、感想？如果没有来自其他同学的压力，没有预期目标的激励，学生们是否能自主学习？在很多教室里都存在一个观念，就是那些非白人的孩子"学着白人孩子的方式"是一种聪明的表现，而教室里的体会必须要来自一种既能鼓励学生们展现自身的能力，又不会受到其他同学影响的氛围。

随着交谈的深入，我又想起了之前提到的那个白人女教师，她认为自己的课堂面临着管理问题。学生们在教室时间一长就坐不住，难以静心学习，她自己也被弄得焦头烂额，不知道该怎么办。一有学生违反了教室纪律（这是常有的事），她就在惩罚板上记下名字。要是学生再次违纪，她就会在名字后做计数标记。课程上到一半时，惩罚板的那些名字后面就已经有很多标记。然而，她的管理方法却事与愿违，这种做法就相当于是把这些学生直接曝光出来，有一种被老师盯着的感觉。而对于一直坚持错误行为的学生来说，就算名字多次上了惩罚公告板，甚至副校长都知道了，惩罚一定也再所难免，而他们自己却觉得这没什么。

—— 让学生做最真实的自己 ——

我记得很多教育工作者提到，一些孩子在学校常常掩饰自己，像是戴着"看不见的面具"。很多教师教了一辈子书，却不知每天面对的是学生一直戴着"面具"。可能是老师们没有意识到，也可能是他们不了解怎样才能让学生们摘下"面具"，看到他们真实的样子。正是来自同学间的压力形成了"面具"，让学生们出现了戒备之心，假装自己拥有本身没有的东西。要想有效地解决这个问题，就必须形成良好的教室环境和风气。

在我去过的教室里，总看到一些学生去展现他们"与生俱来的才华"，这是一种不可接受的行为。但是，学生心里觉得必须要这么做，因为别人希望他们如此，并且他们互相之间也是这样认为的——这就是他们的"面具"。如何去掉他们的"面具"，或者说是创建一个良好的学习氛围，让学生们自己摘掉"面具"，是教师面临的挑战。

我的大儿子巴鲁蒂，最近以优异成绩从大学毕业。他的高中阶段与大学阶段差别很大，他读的高中没有什么特色，就是新泽西州北部一座城市里的普通高中。我能看出巴鲁蒂每天上学都戴着"面具"，整个高中阶段都是如此。戴上"面具"其实对学习成绩毫无裨益，只是能帮他适应那种不健康的环境和风气。

像我儿子所上的这种学校，给学生们带来最大挑战的不是学习上的压力，而是每天面对不健康的环境和风气，以及因此带来的同学间的压力。在这样的环境下，巴鲁蒂也就算是个一般学生。学校的环境和风气让他几乎没法把精力放在学习上，而是戴上了"面具"，并且时时认识到自己的这一点。相比之下，他在大学阶段的表现就要好得多，不再需要什么"面具"的伪装。最后，他在班里以前几名的优秀成绩毕业。

贾巴里是我的小儿子，他的经历跟巴鲁蒂很相似。上高中时，他不得不去适应学校里消极的环境和风气。在我去过他们的学校之后，我更加认为那里的环境和风气问题会对男孩子表现出自身的才华造成阻碍。为了达到别人期待的表现，学生彼此之间会形成压力。每天早晨，学生们就都戴上了"面具"，整个高中阶段都是如此。像巴鲁蒂一样，贾巴里只是从高中毕业了而已，表现得非常平凡。但到了大学，他变得十分出色。这是什么原因？就是因为高中给他带来压力的环境和风气在大学校园里并不存在。他

1 How Climate and Culture Shape Attitude

可以摘掉那个"面具",不用再管别人的想法。

我认为,掌握着权力、影响和权威的学校的人和事,可以轻易地影响学校的环境和风气。从学校领导开始,慢慢就会传播到整个学校。在没有认清问题的时候,你是无法进行改正的。在考虑整体的环境和风气前,就承认教学方法和教室管理存在问题,这对学校有百害而无一利。

无论是学校还是教室,环境和风气的重心是要让学生在进入教室前,就能认清自己的"面具"。如果他们在上下学的路上还得戴着"面具",我们应当表示理解。尽管这样做可能是不对的,但想想他们的现实生活压力,就可以理解。关键在于要构建一个健康的环境和风气:把态度当作是一辆汽车,而环境和风气就是一条隧道。隧道的另一头就是你的终点:结束成绩差异。

由于贫困的原因产生的学习态度差异

在不同的研讨会上,我常常问参与者这样的问题,为什么很多学校,无论处于城市还是乡村,表现都不尽如人意,我想听听他们的看法。可我听到的答案却是千遍一律——这是由于贫困造成的。无论来自哪里,这些教育工作者都认为贫困是阻碍城乡学生出成绩的主要因素。如果没有贫困,城市和乡村里的孩子们一定会表现出色。

尽管贫困是一个不能忽视的因素，但我依然认为这并不是一个对成绩不好的合理解释。作为一名老师，你无法改变贫困的现状，也无法改变学生们每天在学校之外遇到的人和事。你所能做的就是鼓励他们，并希望他们能够有一天不再受这些情况影响。因为现在无法改变现状，所以不要纠结于此或是将其当作借口。一直以来我都告诉身边的老师们，你参加求职面试时，没有人把贫困当作借口拒绝你，我们重视的是你是否适合做一名教师。对于学生也是一样，要给他们信心。

因为我们没法去改变贫困的状况，所以精力一定要放在我们能改善的地方，即教室里的环境和风气。教师应作为鼓励学生的人：他们离开学校，不管他们的生活是好是坏，每天早上他们在学校里能够充满信心，高效地学习才是最重要的。

如果贫困能作为表现不好的借口，那学生们就没有成功的可能。你是学生能否成功的首要决定者，你是做出转变的发起者，你是游戏规则的创造者。

摆脱态度差异的框架设计

为了摆脱态度差异，让改善环境和风气的过程系统化，我建立了一套框架，由以下五个部分构成。

1 How Climate and Culture Shape Attitude

1. 老师对学生的态度（我对他们是否有信心）

主要指老师对学生的态度问题。如果你对他们根本没有信心，那么你就无法更好地教授课程，并有效地鼓励他们。

2. 老师与学生的关系（我是否了解他们）

主要指老师与学生的关系问题。如果你对他们根本不了解，那么你就无法更好地教授课程，并有效地鼓励他们。

3. 你的态度（我关心他们吗）

主要指老师对学生是否关心、关注、同情。如果你对他们根本不关心，那么你就无法更好地教授课程，并有效地鼓励他们。

4. 学习的环境（我是否为他们提供了最佳的环境）

主要指建立的教室环境。如果教室环境不利于学习，那么你就无法更好地教授课程，并有效地鼓励他们。

5. 中肯的指导（我了解"学生的故事"吗）

这里的重点是文化回应教学和学习。如果你没有从历史和文化的角度考虑他们的具体情况，那么你就无法更好地教授课程，并有效地鼓励他们。

本书的后续章节会分别深入探讨这五个部分内容。

Closing the Attitude Gap

第 2 章

老师对学生的态度
我对他们是否有信心

Attitude Toward Students
Do I Believe in Them?

自我反思
Reflective Questions

在阅读本章前,请对着镜子回答下列问题:

6. 对你的学生有信心
7. 讲出你对学生的信心
8. 对教学的热爱
9. 对学生的关爱
10. 对自身专业发展的期许
11. 教学的目标
12. 将教学工作视为使命
13. 明确自己对学生的期望
14. 为学生制定短期和长期的目标
15. 为学生制订每天的学习计划
16. 做学生们的榜样,引导正确的方向
17. 老师的态度是决定学生成功与否的首要因素
18. 每天要进行自我反思和自我评估

2 | Attitude Toward Students
Do I Believe in Them?

2006年6月,是我在纽瓦克技术高中担任校长的第二年。有一次,我接到一个电话,是来自亚拉巴马州蒙哥马利县的一所小学校长的电话,她想要让我给学校里的老师们开一场职业发展研讨会。

一直以来我都想去蒙哥马利转转,那里有民权运动的光辉历史。我想要沉进去,细细研读那里的过去:罗莎·帕克斯车站、罗莎·帕克斯展览馆、马丁·路德·金住过的第一所教堂以及他的家庭旧居。除了这些,我还想去看看塞尔玛的埃德蒙·佩特斯桥,距蒙哥马利只有五十多英里。我对那位校长说,要是答应在研讨会一结束就送我去埃德蒙·佩特斯桥,我就同意去蒙哥马利。她明白了我的想法,欣然同意。她把我的行程安排在了2006年8月28日,43年前的这一天,华盛顿林肯纪念堂前举行盛大集会,马丁·路德·金在会上发表著名演讲《我有一个梦想》。

研讨会一结束,我和另外两个老师一起坐上了校长的车,沿着80号国道到达了塞尔玛。路上，我一直想着当年曾经走在这条路上参与集会、伸张权利的那些黑人。埃德蒙·佩特斯桥就是示威活动的开端，1965年3月7日，约600名示威者受到了攻击和镇压。我也想站在桥上，走过同样的路，感受同样的心情。

刚走到桥上，我就请校长和几位老师给我自己一点时间。我独自漫步来到桥中间，止步于此，陷入沉思。我回想到1965年发生的事情，也深深地回想自己作为教师和校长的经历。我开始质疑自身对学生的态度。自己作为教育工作者的贡献要与当年在这座桥上发生的事情相比实在是轻如鸿毛，当年的那些先驱，无论男女，能够承受那天的暴力，那我应该也能通过有效的激励、良好的教育，赋予孩子们信心，将他们培养成伟大的人。

当我站在桥上时，脑海中出现了三个问题，让我不得不思考和回答：

- 卡费勒校长，你是谁？
- 卡费勒校长，你在做什么？
- 卡费勒校长，你最近做了什么？

在近一小时里，我仔细考虑了这三个问题。这三个问题既和对学生的态度问题有关，又和我一直以来的教育实践有关。站在桥上，我好像情不自禁地就会对自己的使命不断反思（本章的最后，我会对上面的三个问题再进行阐释）。

2 | Attitude Toward Students
Do I Believe in Them?

回到新泽西州后,我给新泽西技术高中里的每一位教师都买了一面镜子。9月的第一次教师会议上,我让他们分别站起来,看着镜子中的自己,大声地问自己我在埃德蒙·佩特斯桥上提出的那三个问题,并大声地回答出来。这是一段特别的情感体验,有的教师在回答第一个问题时,看着镜子中的自己流下了眼泪。随后,我鼓励大家将镜子挂在教室里,把那三个自我反思的问题当作每天早上的例行工作,从而给自己打气。

自从去过塞尔玛以后,我每天都对着镜子回答一遍上面的三个问题,从未停下。并且我发现,由于每天都自我反思和自我评价,这让我变得更加胜任、更加优秀。

对你的学生有信心

要想建立一种有益于培养学生积极态度的环境和风气,就应对学生有信心,并且定期向他们表达出你的信心,这是十分重要的。你一定要对所有的学生充满信心,不能因个人情况,或是他们带来的各种"负担"不同而有所偏心。如果你望着他们的眼睛,就一定会看到他们流露出的才华。你必须对为了成功而努力的学生保持坚定信念,如果对学生根本没有信心,我们怎么能期望他们会有什么出色的成绩呢?!我们对他们有信心,他们自信的几率也会变大。

> 老师对学生的态度
> 我对他们是否有信心

对他们能够取得成功的信心可以用为他们制定的高标准和高预期来表示出来。我记得有一次在七年级的家长会上,我作为女儿凯比娅的家长参与了会议。她的老师似乎对于凯比娅能拿到C的分数很满意,我简直无法相信这位老师会这么说。一方面,我对凯比娅有些失望,我自己也对这个结果有责任。另一方面,我对老师满足于成绩为C的结果感到失望。我对老师说,我的孩子拿到这个成绩是不能接受的。而他的回应也证明了他对我女儿的标准和期望之低,甚至对全班也是这样。他对于凯比娅能够变得更好并无信心。我想知道在他心目中,凯比娅是一个有潜力的孩子,或只是一个普通孩子,从而让她碌碌无为,只拿到了C的成绩。我很想知道他对凯比娅有没有信心。

如果你打算消除教室里的消极学习态度,就不仅需要对他们有信心,还需要确定自己有自信。很多学生在到达学校后,缺乏一种追求更高成绩的信心,这也直接导致了我们看到的在城乡的学校中,阅读和数学等成绩降低的现状。而在市中心的一些地区,即便有很多令人分心的因素,学生依然十分努力。

在我教授四年级和六年级的那段时间里,学生们的表现十分出色,大多数学生由衷地喜欢学校(因为他们每天早上都准时且愉悦到学校报到)。因为知道我对他们有信心,所以他们十分喜爱上我的课。在他们上高中以后,我与其中的一些学生还保持着

2 | Attitude Toward Students
Do I Believe in Them?

联系,他们后来都成了优秀人才。他们对我说:"原因就是你对我们的信任。"

—— 讲出你对学生的信心 ——

让学生知道你对他们的信心尤为重要,这件事自己说着容易,但要是让学生们认为你真的对他们有信心并非易事。你必须创造机会明确地表达出这个信息,光假设他们知道是不行的。

在过去的几年里,我向来自于城乡的一些学生询问最近一次听到有人说对你有信心是什么时候。学生们往往表示一脸茫然地说,"从来没有"。很多孩子不习惯听别人对他们说"对你非常有信心",假设他们可以经常从父母、教师、辅导员、校长那里听到对自己的信心,这将对他们认识自己会有极大的影响。

—— 对教学的热爱 ——

对教学充满热爱会改变现有状况,这意味着你自己非常想要成功,简直到了梦寐以求、不惜一切代价的程度。无论如何都不会满足于现状,哪怕有丝毫一点不完美都是无法接受的。对着镜子看一看,你看到的是那个对教育、对孩子、对职业的发展充满

老师对学生的态度
我对他们是否有信心

激情的人吗？

　　人们成为教师的理由有很多，但其中一条就是没有别的工作可做，这实属不幸。试着想一想如下场景：有一个人，我们把他起名为J先生。他获得金融学学士，但没有找到合适的工作。在他得知临近学区在招聘教师后，就提交了申请，通过自己的努力，通过了笔试并拿到了数学教师的临时资质，后来被一所成绩一般的高中聘用，成了一名数学老师。这所高中有55%的黑人孩子和45%的拉丁裔，其中90%的孩子享受了免费或低价的午餐。学习成绩一直落后，尤其是在男孩子里，休学率一直很高。这所高中里的女孩能够如期毕业的比率约为60%，而男孩仅有40%。很多学生都是临时借读，他们绝大部分生活在单亲家庭中，且多由母亲抚养。家庭周边存在帮派、吸毒贩毒、犯罪和暴力行为频繁发生。

　　我并没有专门把J先生定为某一人种。二十年前，我很有可能直接把他定为白人教师，这样可以突出他与学生之间的背景差异。尽管我十分清楚非白人学生需要有榜样的力量，但我确信这与教师的肤色毫无关系。我关注的是这名教师是否对教学有足够的热情，对孩子是否有足够的热情，对自身职业发展是否有足够的热情。只要教师对这三点充满热情，那么其他的就都不是问题。

　　让我们再回到J先生这里。这天他第一次走进教室，教室里有很多问题亟待解决。这已经不是一份工作这么简单了，而是他的

2 | Attitude Toward Students
Do I Believe in Them?

使命，他着手的事会影响每一个孩子的生活。尽管学校面临着巨大挑战，他也从未讲过任何一节课，但他还是被寄予希望——能够改善当前的状况。现在的问题就成了"他对教学是否有热情？具体来说，在非白人学生占大多数的学校里，学生是否对上课也充满热情"。这一涉及种族问题的疑问，就好比房间里有一只800磅的大象一样，明显存在却被人刻意回避。很少有人正面指出这个问题，可是需要有人认真地指出来。如果J先生想要打破学生中存在的消极态度，他就必须将热情投入到教学中。

此外，他真的热切盼望学生们能够成功吗？他真的希望学生们能够变得出色吗？他想为学生们付出一切吗？对于为学生成功必须要做的事情，他是否毫无怨言？他对做好这份工作有强烈的渴望吗？他是否热忱于每天都开展有效的教学教导？如果这些都是肯定的回答，作为一名新老师来说，他是否能将想法变为现实？每一位老师都应该回答一遍这几个问题。

在上课的第一天，要想看看J先生对于教学有多大的热情其实并不容易。因为他是一名刚踏上工作岗位的教师，由于找不到对口的工作，他才选择了这份工作。正是如此，他才会对于将来的自身发展有些迷茫。如果他的学生表现得非常出色，除了正常教育方式和方法外，他还必须对工作充满热情——一种比对学生的热情还强烈的感情。

对学生的关爱

当然，J先生不能只对教学饱含热情，对孩子们也需要关爱。他首先是教导孩子们，其次才是教课。我遇到过很多老师，对于课程内容充满激情，但对学生们却缺乏爱心。尽管这些老师都没有对我承认这一点，但我从与他们的对话和观察中也能明显地看出来。就像我的一位校长朋友说的那样，每一个孩子都应当有一位愿为他们真心付出的老师。J先生必须要充满激情，他需要发自真心地爱护、关心他的学生，而他对学生的热情程度直接影响了每天他对学生的奉献和关爱程度。

你真的对你的学生充满热情吗？你真诚地对待他们吗？你是否发自内心希望他们成功？你愿意在学生们身上花费同样的精力和义务吗？学生需要你的完全付出。不论你每天遇到怎样的困难，面对怎样的挑战，他们需要你毫不动摇的坚定保证。当学生面前呈现了你最好的一面时，他们成功的几率会成倍增长。

对自身专业发展的期许

J先生第一次做老师，所以之前他对教师的事情一概不知。他知道自己的长处是数学课程，但他不清楚在高中里怎样给学生教

2 | Attitude Toward Students
Do I Believe in Them?

课,要怎样与学生们交流才能更好地教课?那么他如何消除学生的消极学习态度?J先生必须要加强自身的专业素养,发自内心渴望成为一名卓越的教师。学生哪怕有一丝成功的机会,他都应当从专业的教学角度给予指导。所以,其必须提升自身的专业素养,重视个人发展。

对教师来讲,上面提到的方式不能简单地稿一刀切。加强自身专业素养是必须的,但我们需要对自己学生有利的专业发展机会。如果你的教室里有面临失败的孩子,很明显他们的学习要求是难以达到的。那么,你就有责任既要使自身专业得到发展,又要为这些学生们的需求提供帮助。必须要有热情才能给学生带来帮助,才能教授他们更多的知识。

保持热情不是靠教出来的,因此我从未提供任何相关的建议,但是,如果不指出这一点,那说明我做的工作还不到位。尽管意愿和热情是一个人很容易就能表现出来的,但我还是常常提到教学要有意愿和热情。一个人可以隐藏自己的意愿和热情,也可以释放出来,但这是教不会的。意愿和热情完全可以作为区分一个人是否真的愿意在教室里讲课的标准,如果你有这份热情和意愿想要消除学生中的消极态度,那么差异会因此缩小。你必须回到镜子前,确认自己是否有意愿和热情在学生中做出这种改善。

教学的目标

在谈到具体的目的时，教学的目标是一项非常重要的概念，你的目标意味着你的所作所为和努力方向。有很多老师未曾提出过自己的目标，但却已经反映在了他们的具体工作和行为上了。

那么教学的目标究竟是什么呢？换句话说，你为什么展开教学工作？是什么驱使你每天早晨起床后赶到学校，给学生讲课？如果教师有目的地开展工作，那么成功的几率会成倍增长。你的目标既促进你，又塑造着你。

在职业发展研讨会上，我常会问与会的老师是否想过自己的教学目标是什么。多数情况下，只有不足一半的人花了时间思考过他们现在的工作。也就是说，多数人对他们的具体工作没有清晰的定义。对我来说，1998年我开始从事教师工作，我的重心就放在了让五年级的孩子把握现在，书写他们自己的历史。这些孩子多数是黑色人种，他们其实很少了解黑人的历史。但是，我明白如果他们了解了历史以后，对认知自己会有很大的影响，因此，我专门向他们讲述一些与课程内容相关的黑人历史。通过了解这些历史，让学生们在学习中感到这些知识与自身密切相关，而我也能够按教学计划开展教学工作。

在针对消除教室内的学生差异，你的目标是什么？要记住，

2 | Attitude Toward Students
Do I Believe in Them?

态度差异是那些有想法主动追求优秀学习成绩的学生与不追求优秀成绩的学生间的差异。你怎样消除这一差异？你怎样鼓励学生形成主动变得优秀的想法？这里你的目标很重要，尤其是你将目标的重心放在学生身上时更为重要。

我认识不少老师，他们都对某一问题感到难以解决，就是家庭条件和邻居的危险状况会影响并误导学生的行为。对于外行人来讲，除了想要挑战不可能的事情，改变这些学生的态度简直是是天方夜谭。而对于目标明确的教师来说，这样的挑战并没有那么令人畏惧，因为这就是自己目标的固有部分，这也是教师自己每天投入教学工作的原因。

要想设立你的目标，那就找一个安静的地方，可以是你家里，也可以是教室。想想你为什么选择做老师，回想一下你选择做老师的初衷，再考虑考虑学生面对的挑战。想想你给学生们定下的在教室要达到的目标，长期的目标又有哪些。在你考虑过这些细节后，对你的角色进行一个定义：字典里的每一个词都有自己的定义，你的教师身份也可以有一个定义。把这个定义写下来与你的学生、同事、领导分享，要让他们知道这就是你，这就是你的工作，这样就不会有人或其他的事去阻碍你完成所设立的目标了。

将教学工作视为使命

我认为，将教学工作视为使命是消除学生消极学习态度的重要一步。作为校长，无论任何时候，我都把使命放在比事业更重要的位置。注重使命的教师，工作也能顺利完成，没有什么能阻挡她达到目标——让学生成功。教师是她的职业，但她相信意义不止于此。由于她将使命放在第一位，她常对学生们说："在这里，你们的成功就是我的使命，你们的未来就是我的使命，你们的生活也是我的使命，我的使命一定会完成！"一名追求使命的教师一定会比追求事业的教师对所有的学生有更高的期望。

像我在前言中提到的那样，我开始写这本书的时候，在宾馆里待了一周，这样就不会受到外界事情的干扰。那一周里，我一次次听说了发生在纽瓦克的凶杀案，而过去数年间我接触的大多数学生正是生活在此，他们很多都受到了不同程度的影响。身边的很多年轻人不幸罹难，自己还怎么会想着在学校不断努力呢？如果他们的朋友、所关心的人，以及他们自己的安全都无法被保证，我们又如何盼望着这些学生取得良好的学习成绩呢？作为教师，你必须明白有这些因素的存在，并且设法关心他们，为他们克服这些困难提供一些适当的帮助。教师不能有"我只教物理"或是"我只教数学"的借口，而必须坚持"因为孩子们面对了诸

2 | Attitude Toward Students
| Do I Believe in Them?

多的困难，对他们产生了不利影响，所以我的工作就是确保任何事情都不能阻碍他们在我的课堂上走向成功"。我承担了使命，并且在使命完成前不会停止努力。

学校的办学宗旨应当与其教师的使命一致。在研讨会上，我常让教师们站起来讲一遍所在学校的办学宗旨，而他们中的大多数都没能说出来——他们其实根本不知道。我还向他们询问是否在教室内写下宣言之类的话语，得到的往往还是否定答案。事实是，学校的宗旨和教室里的宣言是尤为必要的。

想象一下，教师的使命就是为了消除学生中的消极态度。为了完成使命，她在教室内贴出了一个宣言。试想这位教师每天会让同学们背诵，并且用心记住这个宣言。到此我们就有了一种解决思路：不仅教师需要主动提出自己的使命，学生们也希望有所了解。尽管这些学生面临着各种困难，为了让他们能够成功，需要制定一步步的目标（在本书的第5章，我会对教室的宣言做进一步阐释）。

明确自己对学生的期望

你必须明确学生现在是什么状况，是否遵循着你的指导，每天的交流是否顺畅有效。在新学年的开始，你需要问问自己："在

老师对学生的态度
我对他们是否有信心

每一个记分周期结束时，我的学生表现得如何？我的指导和交流对他们全年的课程学习有什么影响？我作为他们的老师，从长期来讲，他们会取得什么样的成绩？"这些问题的回答会形成你对学生未来的展望。而形成的这种对学生学习和发展的展望颇具能量：能让你在开口上第一节课前，或是他们完成第一次作业时就能"预先看到"他们的成功。

想要看到的、参与的、期待的结果就是对他们的展望。每天来到学校，保持一种良好的心态还远远不够。作为一名教师，你需要想象他们能取得最好的成绩，并且付诸努力。在我与全美的很多教师交流之后，我发现他们很多人无论是对自己还是对学生的成功都没有任何展望。由于很多学生都面临着巨大的社会和经济困难，他们的老师因此很难从长远的角度对他们有什么太高的期望。我告诉他们，不能把这些当作学生失败的借口，要知道失败根本就没有什么借口。

我曾经与一名教师共事过一段时间，她曾经获得过史无前例的八次"年度优秀教师"奖。作为一名从事特殊教育的老师，学生们有缺点和经历过挫折，但她从不歧视他们，也从不把这方面当作任何事情的借口。在她的展望里，她的学生尽管有着不同的缺点，但也都成了大事，这样让她有了工作的方向。而结果是，不仅她的学生获得了成功，她自己也受到了赞许。这位教师既明

2 | Attitude Toward Students
Do I Believe in Them?

确了自己的目标，向着自己的使命努力，而且还对自己和学生有着清晰的展望。

试想一下，假如你告诉学生们，你已经想到了他们成功的样子，他们会对你更加信任，这样的作用肯定是积极的。你需要时不时地告诉他们，老师已经梦想到你们在这个课上获得成功时的样子，这个想法一定会实现的。除了在校期间的短期期望，你还需要与他们分享高中和大学毕业后的长期愿景。

很多孩子从未想过自己的未来。他们最多想想今天做什么，从来没有什么远大的梦想。在他们的生活里，遭遇到过太多的死亡和破坏性的事情，这令他们难以像成年人一样思考未来。这就是你要切入的重点：你要让他们敢于想象自己10年、20年，甚至30年后的自己是怎样一步步实现梦想的。

就跟学校的宗旨和教室里的宣言一样，你也需要对学校和班级有自己的展望。就这一点，我请研讨会上的不少教师复述一遍他们的学校宗旨和班级宣言，结果很少有人能做到。美好的展望其实对人很有帮助，它能让学生们知道在教室里你对他们进行指导和交流的目的与想法。当然，我不能夸大拥有愿景究竟对学生的成功有多么大的作用。老师必须时不时地就与学生们交流你的美好憧憬（在第5章中我还会进行进一步阐述）。

为学生制定短期和长期的目标

你给自己制定过具体的短期目标,能够帮你实现学生的美好愿望吗?试试光荣榜这种方法:有多少班级中的学生榜上有名?不管现在有多少,再增加几个我想不是难事。但是,你怎么做呢?额外的名额可以满足下列条件的学生:

- 坚持完成课后作业的学生。
- 通过小测和考试,并且获得A或B的分数的学生。
- 达到"本周之星、本月之星"标准的学生。
- 积极参加课外活动的学生。
- 考勤无不良记录的学生。
- 准时到达学校和班级的学生。

这样做的关键是,通过在墙上或公告板上标注姓名的直观方式,让学生知道你设立了一些目标,让学生受到鼓励,从而为了这些目标而努力。这种实实在在的目标能向学生清晰地表明你对学生的关心,说明你是通过他们在教室里的实际表现来衡量成功与否的。除了设立短期目标,设立长期的目标同等重要。这就有可能会在整个四个计分周期内一直给他们打气,令登上优秀学生名单的学生越来越多,这也能让保持高出勤的同学越来越多(本书的第5章里,我也会探讨制定目标对学生的促进作用)。

2 Attitude Toward Students
Do I Believe in Them?

为学生制订每天的学习计划

制订计划是十分必要而不容商榷的。你不能忽视其重要性，如果想要学生们发挥最大的潜力，你必须为所有的学生制订计划。而在特殊教育的教室里，教师需要针对每一个学生制订个别教育计划。这样做很有必要，因为这里的每个孩子有着不同的需求。在制订了合适的个人计划以后，他们成功的几率方能以指数倍增长。正是如此，我认为所有的教师都应当针对每个学生制订不同的计划。这可能会花费很多额外的时间，但要想消除态度差异，这是最好的方式。

我常问教师们一个问题，就是在着手工作前，是否曾设立明确的目标或是有书面的计划，不少人给了我肯定的回答。我向他们讲述了周密的行动计划在商界的重要意义，然后我指出制订计划在教育工作中同等重要，并且学生也需要根据自己的学习状况制订详尽的计划。只要教室中的学生达到两名（含两名）以上，就应该有针对他们每个人的不同指导方案。

我还清晰记得自己上高中时的那种"一刀切"教育模式。年复一年，教师的唯一指导方式就是到班级中讲课，而学生是否听懂，甚至是否愿意听则被关注的不多。课程安排对学生真正接受程度缺乏考虑，教师简单地认为学生都是听觉型学习者。如果学生对上课内容理解不充分，教师则会简单地认为学生没有努力。如果我的老师会停下来考虑一下学生的不同学习方式，并据此制订培养计划，那么我们一定会拥有更高效的学习经历和体会。

做学生们的榜样，引导正确的方向

在学校里，学生与教师度过的时间每天多达7小时。如果再乘以每年在学校的天数，那么学生与教师共处的时间相当可观，所以，无论学生是否接受，教师成为了学生的榜样。

我乐意告诉教师这样一种观点：一切能力都由你掌握。这是指能够极大地让学生的生活发生改变的能力，让整个教室里孕育出高效学习者的能力。有很多我们想当然的事情，其实对学生的生活造成了无形的不良影响，其中之一就是我们自己的行为，孩子们一直观察着我们，欣赏着我们，也会从我们身上学到一些特质。所以我们必须时刻提醒自己，让自身时刻成为良好榜样。

那你是否认为自己是学生的榜样呢？你是否认为自己有一些学生希望学习的优点？你是否认为学生们关注着你的一言一行？你的表现会潜移默化地影响到学生的表现，这是毋庸置疑的，所以我们应当小心自己的言行举止。很多学生都会主动寻找自己的榜样，我们一定要意识到这一点，不要辜负了学生的期望。

2 | Attitude Toward Students
Do I Believe in Them?

我们要做的不是一般的榜样。在学校，学生每分每秒都会关注着我们。即便是外出购物，或是参加社区活动时，也容易遇见学生。因为学生对我们会有自己的期望，故而教师在校外也要保持与校内一样的言行。一旦学生对我们产生了信任和尊重，让学生看见我们的良好状态就成了我们时刻要遵守的义务。作为一名教师，同时也是学校的校长，我时常告诉学生你们在校园内外看见的我都是一样的，这对我来说很重要。我将自己视为他们的榜样，并时刻提醒自己，榜样能够塑造我想要的结果（当然，学生们可能不会亲口说出对我们尊重。但前不久，一名毕业不久的我的学生在推特告诉我说，"我是全校男孩子的榜样"，随后这条消息被转发多次。尽管我与那名学生相处的机会很多，但这也是我第一次听他这样说）。

当我以教学顾问的身份去其他学校时，看到那里的老师们穿着职业、得体的衣服，我感觉很好，这能够体现出他们的身份，并传达出对学生的期望。他们清楚地认识到自己发挥的榜样作用，即时刻会受到学生的关注和赞美。我还对教师与学生的交流方式进行了观察，看看他们是否在塑造合适的榜样。我们说话的内容和方式会对学生造成影响，所以不能简单地以朋友的方式交流。我们不能忘记这一点，也不能让学生以朋友的方式与我们交流。我们是职业教师，我们的目标一定是要让学生向我们学习，向我们靠近，而不是为了交流去靠近他们。

我去过一些学校，那里的领导、教师和学生早晨从来不打招呼，即使遇见也像是没有看见对方似的从彼此身边走过，这很能反映学校的环境与风气问题。作为榜样，需要我们在遇见学生时，主动打招呼，并且希望他们能反过来向我们问好。如果我作为校长，不管任何时候发现学校里大家互相不打招呼的话，就会立刻通过例行会议或广播指出来。

你把自己当作榜样了吗？你自己表现得像专业教师吗？你希望通过这样达到什么预期结果吗？你应该做出肯定的回答。

老师的态度是决定
学生成功与否的首要因素

在我的研讨会上，有关教师作为首要因素影响学生的成功与失败这一话题，已经进行过诸多讨论。与会的老师对我说："卡费勒校长，稍等一下。您的意思是，学生在生活中会面临诸多事情，而我们是决定孩子成功与否的唯一因素吗？"我坚定、明确地告诉他们，"是"。

我记得有一位教师一直不同意这个观点，他觉得自己没法改变来自校园外社区里的各种不利因素。我对社区里的各种影响比

2 | Attitude Toward Students
Do I Believe in Them?

较了解,因此我可以明确地认为这位老师需要转变对学生的态度:如果他认为自己在面对外界的不利因素时感到无助,那他的学生就比别人缺少了希望——首先老师对学生的态度就有所欠缺。

与会的老师还提出这样的问题:"卡费勒校长,你不了解我的学生们。情况不太一样,我们是全美最差的教学区!"在我去过的地方里,我已经不只一次听到这种宣泄,"我们是最差的!"如果在教师中都出现了这种想法,我们如何期望学生能够取得好成绩呢?这些学生前景没有光明!因为我们是老师,绝不能让社会中的困难影响自己的心态,要相信学生将来一定会像雄鹰一样翱翔。

城乡里那些处于危险中的孩子们会更需要教师的帮助,他们需要的教师具有足够的自信,能高效地开展教学工作。同时,这些教师不应将社会上的各种困难和阻碍当作不作为的借口,反而应该将其作为帮助学生不断努力向上攀登的动力。周边的社区环境中充斥着的毒品、暴力等罪行,这应当激励教师去保护学生的安全,使他们远离毒品,做到遵纪守法。此外,教师还要提醒学生,让他们知道可以为消除这些顽疾做一点贡献——最好的方式便是在学校努力学习,好好表现。

作为教师,你必须要有足够的自信,坚信自己能够帮学生克服这些不利因素。获得成功是他们的权利,而要想确保这一点,最好的办法就是不断提醒自己说,我是他们的老师,这一定会实现的。

你对学生的态度如何？你是怎样看待他们和他们的成功的？你觉得自己的能力能否激励学生们向追求目标努力？这些问题的答案决定着学生的未来收获。

在纽瓦克技术高中任校长时，如果我要处理开除学生学籍的事情，我或许会让学生们看看学校大楼上的几个大字。"念出来。"我说。"纽瓦克技术高中。"他们开口说。我还会问，除了这个你们还能看出什么，"其实还有另一个名字，但你们都没有看出来，"我说，"这个看不见的名字就是'卡费勒校长'。"我明白，如果学校的表现很差，那么整个社区会认为是我这个校长失败了。我接受这种看法，作为校长，我是学生成功与否最重要的决定因素。我怎样努力，学校就会怎样发展。

同样的原理，作为老师在教室中同样适用。毫不夸张地讲，教室的那扇门上"写着"你的名字。这就是你的班级，你才是决定班级的成绩的因素，你才是在班级中培养伟大人物的人——你带来了希望，让梦想更加精彩。同时让负面影响远离教室，你要时刻提醒学生，现在的境况不会决定将来的发展。

每天要进行自我反思和自我评估

你怎样做才能对学生一直保持积极的态度？正如本章之前提

2 Attitude Toward Students
Do I Believe in Them?

到的那样，我认为每天对着镜子进行自我反思十分重要，无论什么时候都不能放下这个工作。在每天下班前，你还需回想一下从踏进校园到学生走出课堂的所有工作：想想早晨一踏进校园，你是怎样的心态，想想你课堂上讲的内容，想想你与学生的交流，想想你是如何鼓励和融入他们的，想想你是怎样处理那些可能给学生带来不利影响的问题。除了回想这些，你还需要对自己的表现进行评估：非常客观地给自己打个分。然后，想想需要做出怎样的调整——你绝不能等着评估人员来对你做出评价。

在自我反思和自我评估之后，你可以记录一下明天需要努力的方向，如果有专门的日记当然更好。写下你的目标，并列出具体的做法。第二天一上班，对着镜子，进行一遍本章开始提到的自我反思的三个问题：

- 你是谁？
- 你在做什么？
- 你最近都做了什么？

我强烈劝告每位教师都应该有一面自己的小镜子，挂在办公室或教室的墙上，并在下面贴上这三个问题。每天来到办公室或教室后，第一件事就应该问自己"你是谁"。然后进行反思，得到答案。没错，就是这样做：进行反思，得到答案。镜子前的你不会说谎。

老师对学生的态度
我对他们是否有信心

作为校长，我每天都走到镜子前，望着自己的眼睛，问我自己："卡费勒校长，你是谁？"然后我静静思考，等着答案。我得到的答案常常是这样的："我是纽瓦克技术高中的卡费勒校长，不只是简单地做好我的工作，而是十分出色。"如果你想做好本职工作，得到出色的成绩，你必须意识到什么是出色的教师。如果你连"出色"的定义都不明确，那你怎么会将想法变为现实，并取得出色的成绩呢？

第二个你需要对着镜子问自己的问题是"你在做什么"，这个问题询问的是你的目的。我在思考这个问题时，往往是这样回答的："我做的事是要保证学校里的每个孩子都努力追求出色的成绩。"换句话说，我的目标就是帮助学生取得的成绩。作为老师，你也应当做出这样的回答：一切为了孩子，为了所有孩子，尽最大的努力，确保他们取得好成绩。

第三个问题便是"你最近做了什么"。这是最难回答的问题，也是最关键的问题，这个问题正像珍妮·杰克逊的知名歌曲《你最近对我做了什么》一样令人深思。过去的一天中，你的所作所为算得上是与你的工作相符合吗？认真打量一下你的教学策略、内容以及交流方式，令学生逐渐步入成功的殿堂。

当听到第三个问题的答案时，你今天的工作就正式开始了。如果还没有合适的答案，那么就应当意识到，你今天的工作就是

2 | Attitude Toward Students
Do I Believe in Them?

让学生们比前一天更加进步。

我非常赞同一种方式,就是对着镜子自我反思。我做校长的那些年里,这是我每天早晨开始工作前必做的一件事,这能够让我更加投入到教学工作中,并把全部的精力都放在学生身上。

Closing the Attitude Gap

第 3 章

老师与学生的关系
我是否了解他们

Relationship with Students
Do I Know Them?

自 我 反 思
Reflective Questions

在阅读本章前，请对着镜子回答下列问题：

19. 了解你的学生

20. 了解学生的学习方法

21. 让学生保持学习的热情

22. 激发学生卓越的学习动力

23. 了解并支持学生的目标和志向

24. 了解学生的需求和兴趣

25. 了解孩子的经历和现实状况

26. 了解学生面临的困难和障碍

27. 与学生家长建立联系

28. 了解学生的生活环境

3 | Relationship with Students
Do I Know Them?

2003年夏,我被安排到家乡的一所中学担任校长。接到任命还不到一周,我就收到新泽西州教育厅的来信,信中指出我们学校在"不让一个孩子掉队"法案(简称NCLB)中被指定为"持续危险学校"。全国有50所学校被冠以此称谓,而我们就是其中之一。来自"持续危险学校"的学生家长有权利选择将孩子转到本区域的其他学校,紧接着,家长要求孩子转校的电话蜂拥而来,对此我深表理解。我给这些焦急的家长发了一封信件,并让他们稳定情绪听我解释。我向学生家长保证,我的学校不存在危险并能确保孩子们一定会安全。我请他们到学校参加会议,以消除他们的焦虑,让他们把孩子留下来。

很多家长参加了我们8月下旬举办的会议,我们进行了建设性的交谈,他们听取我的想法,我也了解了他们的关切。我向他们保证学校现在亟须的就是建立校内关系,即建设真正意义上的学校大家庭。结果是,绝大部分的家长选择相信我并同意把孩子留在学校。

那年秋天开学时,孩子们回到了学校上课。我除了要把学校的建筑改造得更加美观(将学校所有建筑刷上亮白色的漆,在走廊的墙壁上书写名言警句等),我还需要按照之前讨论过的,实施框架内的五部分来改变学校的环境和风气。新学期的第一天以及每个周一早上,我都会将孩子汇集在大礼堂,并不断提醒他们是出众的、独特的、聪明的孩子,我还会讲述有关"他们的积极的故事"(祖辈们的历史),这些他们可能以前从来没有接触过。我和他们聊人生,谈现实和理想,这些会对他们十分有帮助。后来,数位新泽西州教育厅的官员和督察也前来参加了部分会议。家长们更是热情高涨,他们热衷于参加周一早晨的会议,以期看到孩子们的表现。

随着时间的流逝,我认识了学校里全部的650名学生。教职工与孩子们热情地问候早安,与他们在走廊交流,在餐厅共进午餐,通过这种方式,我们改善了与孩子们的关系,改变了学校的环境和风气。学年结束时,我收到了来自新泽西州教育厅的消息,称我的学校已经不在"持续危险学校"之列。由于我们大力改善与学生的关系,仅仅用了一年时间我们就做到了。

在一所学校里如果老师和学生没有建立起融洽的关系,那么这所学校不一定会有所建树。但是,如果学校存在这种关系,它

3 | Relationship with Students
Do I Know Them?

必定潜力无穷。毫无疑问,这些关系都是相互促进的,只有学生了解我们,我们才能更了解学生。他们应该认识到我们不仅是作为老师存在,我们还是情感丰富的普通人。

—— 了解你的学生 ——

你了解每位学生吗?你有多了解他们?这里我说的不是花名册上的名字,我是指每个孩子本身。你了解他吗?你知道下课后他的状态吗?你知道她回家是步行还是乘坐公交?你了解他的生活环境吗?你知道她在家的状态吗?你的回答会影响到班里孩子的学生成绩,而且我敢说许多老师都不能准确答上来。许多人可能还没有意识到这些问题的重要性,他们可能认为下课后孩子做什么自己管不着。我完全同意这种观点,但我还想补充的是,你有义务去关注学生们的校外情况,因为校外情况会反映出他们在校内会有怎样的表现。

你要和学生融洽相处,首先你要改改每天和学生打招呼的方式。你表现出的是温暖、真诚、主动,还是随和,是否让你的学生感受到你见到他们很开心?正如教育家艾伦·门德勒所说,"打招呼时如果加上学生的名字那就最好了,学生会因为老师认识自己而非常开心"。在校门口、操场、走廊、上学或是放学时,你也可以和孩子们建立融洽关系。

了解学生的学习方法

你的学生如何学习？你如何与他们交流？他们是听觉型学习者吗，亦或是视觉型，还是触觉型？为了让所有学生都参与进来，你会在课堂上采用什么教学方法？他们的学习方法都一样吗？男同学和女同学的学习习惯一样吗？文化因素在学习中发挥作用吗？家庭或社区环境对你的学生有影响吗？

我每次到教室旁听课时，都会蹑手蹑脚地悄悄走进教室。我这样做，是为了教室里的听觉型学习者。但是，我更关心的是其他类型的学习者，他们不得不耐着性子听完这些内容，而这种方式并不适合他们。我一直以来都呼吁，多数情况下，教室中那些有特殊需求的孩子有自己的特殊学习方式，但常常被误解。像我的儿子巴鲁蒂，经过几年的小学学习，很多老师都想在评估时给他学习障碍者的评价。我本身就是一名老师，我知道巴鲁蒂不是一个学习障碍者，问题在于几位老师的教学方法，他们都是以教师为中心地讲授课程。而巴鲁蒂是一个视觉型学习者，一个对书本和新知识充满渴望的求知者。他几乎能将他所有读过的东西概括、归纳出来，他会用视觉线索处理信息，而不仅是阅读书中的文字。现在,他就是一本"活的百科全书"。

所有学生尤其是那些来自城镇和农村的学生都应该结合自己的学习习惯,在以学生为中心的环境里学习。当然,这要求具备高水平的差异教学,也要求老师必须充分了解学生,只有这样才能为其制定最适合的学习策略。

让学生保持学习的热情

我十分了解,许多城镇和农村的学校都具备一流教学水平,这些学校有出色的校长、领导团队、支持团队以及任课教师。正是这些人树立了"零失败"的文化理念,大家都在追求精益求精,这种高水准的学校不允许有一点瑕疵。有些学校所处的周边环境就相对危险,学校的围墙内就是他们希望和梦想的绿洲,是其目标、使命和愿景的天堂,是其对于努力工作、奉献和承诺的不懈追求。这些学校始终向世界传达一个信息,就是只要拥有良好的教育环境和优秀的教职工团队,无论来自哪里的学生都能有所成就。

同样令人印象深刻的是那些正在努力改变他们的文化的城乡学校,即使是那些常年表现欠佳的学校也出人意料地出现在通往成功的队伍中。兴奋之情洋溢于整个学校,领导和教师怀揣着高度热情迎接每天的工作，时刻准备着让他们的教学质量迈上新的台阶。学生也对这些变化感到欣喜，他们将为学习付出最大的努力。这是这些学校的新起点，每个人都感受到了弥漫在空气中的胜利气息。

不幸的是，上述学校只是凤毛麟角，数以万计的美国孩子长期处在教育质量不佳的学校，学校的环境和风气令人堪忧，而且想要消除态度差异也是难上加难。这里的学生没有被激发起最大潜力去学习，他们也看不见希望的曙光，不知如何将在学校所学的知识转化为生活中的成功。

这就是你现在的处境。你可以决定教室中发生的一切，你会做出怎样的改变呢？你如何激发学生努力学习呢？如果你不了解他们，又如何鼓励他们呢？相反，如果他们不了解你，你又怎样进行工作呢？

激发学生卓越的学习动力

大约在暑假前的两周，我参加了一个东北部学校的研讨会。选择在这个时间举行研讨会实际上并不太合适，老师刚要从一年的紧张氛围中放松下来，但他们还必须要兢兢业业地坚持到学年的最后一天。在问答环节中，一位老师袒露心声，她非常努力工作，

3 Relationship with Students
Do I Know Them?

经常筋疲力尽,但仍不能与学生良好地沟通,她说着说着不禁潸然泪下。"卡费勒校长,"她问道,"我该如何帮助学生们在接下来的十个月中一直保持学习的动力呢?"

尽管我可以与她分享许多关于激发学生学习动力的具体策略,但我还是决定用第2章中提到的自我反思的方式让她更好地认识自己。"在激发学生学习动力中受到挫折,而又使自己心力交瘁的一年里,您扮演了什么角色?"我询问她。她用作为教师应当表现出的特质回答了我。接着我又问她:"在这激发学生学习动力受到挫折,而又使自己心力交瘁的一年里,您做了什么?"她用分享教学目标回答了我。最后我问她,"您最近做了什么,能够支持您前面回答我的两个问题吗?"我之所以这样问,是想让她发掘内心的东西,最终她也想明白了。之后她向我表达了感谢之情,她说她需要调整自己的出发点,度过这个学年的最后两周。她之前没有深刻地思考过这些问题,但现在她面临的困难也有了答案。这也是我们大多数人常常遇到的状况:往往我们所找寻的答案就在我们内心深处。

—— 了解并支持学生的目标和志向 ——

你的学生有这一学年的学习目标和个人目标吗?如果有,你知道是什么吗？他们是否写下来或者张贴出来了？学生的远大理想是什么？他们现在是否在为自己的志向奋斗呢？他们是否在为将来的成功做准备呢？

对于那些来自表现不佳学校的学生来说，目标设定尤其重要。如果学生们没有明确的奋斗目标，他们就像是漫无目的的流浪者一样。为了实现目标和理想，他们必须努力，绝不能像流浪汉一样。太多学生每天只是混日子，从未想过梦想。作为老师，我们鼓励孩子们胸怀志向是我们不可推卸的责任。

很多学生很难确定其具体目标和志向，因为他们根本就无法预见到外面的世界是什么样的。他们可能只是听说过一些个别的职业，如医生、律师、教师、警察和消防员，即便这样，他们也不了解这些职业所蕴涵的具体内容。让学生了解各种职业的内容和发展，这是你的工作。如果你不能帮助学生将学校所学的知识和将来可能从事的职业联系起来，那我们的学生注定不能有所突破。

我再次指出，我们与学生相互之间的关系也是至关重要的：你必须了解你的学生，并且了解他们知道多少事情。这样，当他们公开诚实地对你讲他们的目标和志向时，才能感到自在。如果你和学生之间的沟通存在障碍，那么你和他们之间真正的关系就无法建立。因此，自如的交流是必不可少的前提。

3 Relationship with Students
Do I Know Them?

了解学生的需求和兴趣

在从事教师和校长工作的21年里,我都是在城市中的学校里度过的。我们学校享用免费或低价午餐的学生一直在85%到90%之间,这意味着大部分学生的家庭状况处于贫困水平。然而,我的同事们大多来自中产家庭,他们在学校难免会带有中产阶级的观点和想法。就其本身而言,这并不能算是坏事,出现的问题在于老师在没有考虑学生的需求和兴趣等背景时,就把自己的想法强加于学生身上。

学生的需求

除了衣、食、住这三个最基本的生存需求,要想全身心地投入学习,发挥最大的潜力,学生还有很多需求需要得到满足。如果和学生没有建立良好的关系,你甚至不知道孩子们需要什么。在全美很多的教室里,许多孩子的最基本的需求都不能满足,或只能维持最低生活标准,而身为他们的老师对于这些情况却全然不知。

数以万计的孩子因为在家吃不上饭而饿着肚子上学,我们怎能要求这些饥肠辘辘的孩子全神贯注地学习课上繁多的内容。尽管许多学校提供免费早餐,很多高年级的孩子因担心同学知道父母供应不起早餐而选择拒绝接受。除了饥饿,许多学生甚至无家可归或者所处的生活环境异常恶劣，但如果你和他们的关系不那么好，这些状况你完全无从知晓。就算是你知道有的孩子无家可归，你也没法体会到他们所处的艰苦生活条件以及其给他们的学习带来的影响。

除了基本的生存需求，孩子们还有很多可以满足但未达成的需求，这些同样会对他们学习产生负面影响，比如很多孩子渴望被同龄人认可，这对孩子们是至关重要的，如果你没有和学生们建立良好的关系，就将不知道这会对他们产生多大的影响。

学生的兴趣同需求一样，学生的兴趣是多样的，但来自于中产家庭的老师可能对此了解不多。了解学生们的兴趣十分必要，毕竟兴趣是未来工作的良好导师。在学校举行动员大会时，我会用兴趣与可能的职业路径相联系，以吸引他们的注意。我告诫孩子们，如果将兴趣转化为职业或用于创业，将来就不至于遭受工作之苦。

了解孩子的经历和现实状况

你知道穿着学生的鞋子走路是什么感觉吗？学生每天在校外遇到的那些事情，换成你能够处理吗？

正因为我和学生建立了良好的关系，我了解他们每天回家会

3 | Relationship with Students
Do I Know Them?

遇到什么状况。我通过与学生谈话和家访收集到这些信息，比如，我记得有一次我去一个五年级学生家做家访，刚刚踏入她家所在的那栋楼的门厅，就看见一伙人聚集在楼梯间，他们戴着同一种颜色的头巾，在墙上胡乱地涂鸦。要想到她家，必须从这帮人中穿过去。我去过几次她的家里，而这段经历我只能去"忍受"，但对于我的学生来说这却是家常便饭。我能忍受吗？你能忍受吗？不管怎样，尽管我了解学生的家庭状况，但我还是期望她能每天按时上学，努力拼搏——因为这些都不能作为借口。

再说一个例子，一次我去一个六年级学生家做家访，女孩子的父母邀请我留下来吃晚饭。吃饭时，我看见两只老鼠从客厅跑过，而女孩和她妈妈对此却毫无反应。但是，我真心希望这个孩子能取得好的成绩——同样不能当作借口。

还有一个例子：我担任校长期间，因为联系不到一个学生的母亲而到他家做家访。我到了之后，打听到这个孩子住在15楼，可电梯却是坏的——对这种住宅楼来说，这样的事再正常不过了。通过充满尿渍和恶臭垃圾的楼梯爬到15楼对我而言真是一次残酷的经历，尽管我现在才对那个孩子有了一些了解，但我还要强调的是，恶劣的生活环境绝不能作为任何借口。和对之前例子里的两个学生一样，我对他同样地充满期望。

了解学生面临的困难和障碍

你的学生面临着何种困难？这些困难对他们努力的信心有何影响？这些困难能够被克服吗？在帮助学生应对困难时你扮演何种的角色？

在担任校长期间，第一件让我突然醒悟的事就是我发现很多优秀学生无力承担大学四年的费用。尽管他们中一些人能享受非全额奖学金，可他们依然没有能力支付剩余的学费。不幸的是，这是他们必须要面对的问题。虽然我们不能以此作为借口，但事实是这些学生确实要比那些家境殷实的同学面对更多的困难。作为老师，我们必须了解学生面临的各种困难。

与学生家长建立联系

家长的参与和协助对于确保孩子学习成绩至关重要。有些家长认为教育对孩子成才意义重大，而有些家长对此不以为然，而前者的孩子往往在学校表现更好。如果不了解学生的家长，你就不可能完全了解你的学生。每当我在研讨会上提及这个观点时，很多老师会说了解一些家长是几乎不可能的事情。我提醒他们教育要扩展到学生家长，这不能也不应该是单个教育工作者的责任，

3 | Relationship with Students
Do I Know Them?

这需要整个教育系统共同努力。教职工需要合力制定政策,从而让家长参与其中。如果家长参与教育成为学校所有工作的重点,那么学生无疑将成为最终受益者。

了解学生的生活环境

你知道学生所处的生活环境吗?你了解它吗?你尊重它吗?

一直以来,我告诫老师,他们应该慎谈学生的生活社区,因为生活社区就是学生自己的映射,他们的表现反映了其所处的特定环境。如果你不清楚学生的生活环境是怎样的,就不能全面地认识学生。你不了解学生所处的生活环境,就不能完全了解学生。你不尊重学生生活环境,也就是不尊重学生。

因此,尝试去了解学生的生活环境吧。这并不是说你必须守在那里,而是让你抛弃旧的偏颇的看法,对他们所处的环境做更进一步的了解。

Closing the Attitude Gap

第 4 章

你的态度
我关心他们吗

Compassion for Students
Do I Care About Them?

自我反思
Reflective Questions

在阅读本章前，请对着镜子回答下列问题：

29. 表现出你的关心
30. 表现出对他们的喜爱
31. 表现出你欣赏他们
32. 表现出你尊重他们
33. 表现出你对他们的理解
34. 表现出你体谅他们
35. 表现出你对他们的耐心
36. 表现出一视同仁
37. 表现出你尽心尽力
38. 表现出你的不卑不亢

4 | Compassion for Students
Do I Care About Them?

在撰写本书时，我的小儿子贾巴里是一名大二的学生，他很喜欢自己的学校。因为每次听他说起自己的班级，我印象最深刻的就是老师们对他和同学们的真诚关怀。好几个老师都曾亲口称赞他，并表示他的前途将无可限量，这一反馈对贾巴里的自我认知产生了十分积极的影响。相比之下，他的高中老师可能同样关心他，但他却意识不到，因为没人向他说起对他的看法。

在教育界里，我充分相信对学生表现关心的重要性未能得到重视，学生们必须能感受到老师对他们想要成功的关心。正如本书框架中的其他部分，关心学生同样需要和他们建立关系（反之亦然，建立关系也需要关心学生，否则就像植物缺少了水一样无法生存很久）。你的学生必须能感受到老师是真的关心自己，与他们站在一起，并且永远不会选择放弃他们。

表现出你的关心

在我的专业发展研讨会上,我常常会请求在座的老师们举手示意他们是否关心自己的学生。当然,所有人都举手了。然后,我向他们讲述了为什么这样问的原因。我们总是自认为关心学生,但真正的问题是学生们是否感受到我们的关心。当学生知道老师关心自己的进步时,就会刻苦学习,展现出最好的自己,因为他们的动力就是让老师感到自豪。

当有机会与几个学生交谈时,我总会问他们能不能感觉到老师们关心自己。令人吃惊的是,很多学生都给出了否定的回答。不管他们的感觉是对是错,如此多的学生感受不到老师的关心,着实让人痛心。

表现出对他们的喜爱

你喜欢自己的学生吗?你喜欢他们所有人吗?在你班里有没有你不喜欢的学生呢?

常有人问我,如果老师不是黑人,他们能不能尽心地教授黑人学生呢?虽然我也曾经怀疑过,但经过多年的教学和管理后,我完全明白了一点:教师的人种或民族完全不是问题,关键就在

4 | Compassion for Students
Do I Care About Them?

于尽心的教师首先得喜欢孩子，我是指所有的孩子。

孩子们能感觉到老师不喜欢自己，这种感觉很明显。也许他们会这样想：老师可能真的喜欢某个学生，但那个学生却对此没有感觉，其实这种感觉很重要。

你必须格外注意学生的反馈方式，你必须清楚他们是不是能感觉到你喜爱他们。学生是根据你在班级如何对待他们来判断你是否喜爱他们的，你表示出对他们的欣赏了吗？你的实际反应比你的本意更能说明问题，说什么和怎么说能让同学们清楚地认识到你对他们的真实看法。

表现出你欣赏他们

每一个学生都会为这个班级带来独特的个性、才能和挑战，每一个学生都有自己的个性，他们都很特别。能否发挥出最大潜能，很大程度上取决于你是否能与他们建立坚实的关系。要做到这一点，其中的一个方式就是表现出你对他们的欣赏。对于家庭生活美满，积极主动的孩子来说，表现出对他们的欣赏理所应当，但如果是那些在校外生活面临重重困难的孩子在学校也表现得很消极，你该怎样对待呢？还有些在学校认为自己不被欣赏的孩子，又该怎么对待呢？这些学生是你必须格外留意的重点，通过与他们的交流表现出你对他们在班级中的努力和做真正的自己的欣赏。

如果有个学生的情况难以处理，那么发掘他的优点并利用就是眼下的责任。你要想办法让他知道其实你很欣赏他，他可能听了太多关于成绩或表现不好的批评，所以他完全不想再听到你的批评。你要做的工作就是表现出欣赏，而不是对其不当行为的批评。交谈时让他感觉到舒适，这样他会觉得他的行为在教室内是不妥的。同时，交谈时让他信任你们之间的关系，让他相信你会一直支持他。要记住，关键是态度的转变——消除教室内的态度差异。

表现出你尊重他们

几年前，我们聘用的一位新老师正对学生问题焦头烂额，无论他做什么都不顺心，学生们整天捣乱。我去了他们班，然后清楚地意识到，问题出在尊重上面。我看出来了，学生觉得老师不尊重他们，所以他们以牙还牙，也不尊重老师。有一天，这个老师没来，我就去了这个班和他们谈了一会儿。我问他们为什么捣乱，答案和我想象的一样，他们说新来的老师不尊重他们，所以才这么干的。

虽然老师是整个班级的权威人物，但我们还得非常注意自己

4 Compassion for Students
Do I Care About Them?

的言行。比如说，你每次冲他们喊，都有可能疏远与他们的距离，还会让他们觉得你不尊重他们。学生是想要获得尊重的，尤其是在其他同学面前赢得你的尊重。在同学面前，给他们"留好面子"是非常重要的。有个教育主管最近跟我说，她在食堂吃午饭时大声训斥了一个学生，还让他把餐盘扔进垃圾桶。那个学生不肯，两人接着对峙起来，就是因为学生觉得她不尊重自己。然而，如果她意识到对学生表示尊重的重要性的话，她可能就不会大声呵斥学生，而是采取温和的方式避免对抗（走过去和他讲明，以免在食堂内发生大声争吵）。

重申一次：重要的不是我们说什么，而是学生感受到什么。和学生交流时，你的话语和方式必须表示出对他们的尊重。

表现出你对他们的理解

在我主持的专业发展研讨会上，我向与会的老师讲述了生活在城市环境的种种现实。我说，中心城区的生活可不是一小时就演完的电视剧，这是真真切切的学生们的生活，并且学生没有机会像看电视一样选择自己的生活。

离我住处不远的城市里有一个组织，他们每周三下午都会组织一场抗议集会，在过去的三年里已经持续举行了158次的抗议活动。他们的目的是反对城市里的暴力和谋杀，每周该组织都会在最近发生过谋杀或者枪击事件的交叉路口举行抗议活动，但抗议活动不会升级成暴力事件。

这就是成长在美国市中心的学生们的现实生活，这就是他们所在的真实环境，不仅这些塑造了他们的性格和思维方式，也关乎他们带给班级的影响。所以，你了解他们的现实生活吗？他们觉得你了解他们吗？

一旦有老师告诉我他们的学生有多么暴躁，我就会提醒他们，有些学生放学后就要回到自己都无法忍受的街区和家里，他们当然会生气！换作谁都会这样。想象一下，如果一个带着一肚子气的学生来上学，还碰上个不了解他为何生气的老师，他会是什么感觉？这种情况十分棘手。你的工作就是让班级变成一个可以让学生暂时忘却现实的绿洲，在这里，使他们能专心学习，最好这样一整天都能够远离现实。尽管学生每天都面临着重重困难，你作为老师也遇到了重重挑战，但依然还是要时常对学生在校内外所面临的事情表现出真诚的理解。

—— 表现出你体谅他们 ——

产生共鸣是与理解紧密相关的，我们不能忽视孩子们在日常

4 | Compassion for Students
Do I Care About Them?

生活中所面临的各种困难,因为这不仅会影响他们的学习能力,妨碍其在班级中表现出色,还会消磨他们的意志。

我记得以前做任课老师的时候,每天回家都会将自己埋在学生们的"故事"里。我不能只用工作时间处理这些事,它们无时无刻不萦绕着我。我记得有很多次,我都会坐在教室的桌前为学生的事情落泪。记得我教五年级的时候,一个出色的男孩子在放学回家的路上被几个年龄大的男孩搭话,结果还被打了。这件事一直让我非常沮丧,听到这件事以后,我在自己的办公桌前不禁为他和他的父母潸然泪下。

共鸣与同情仅一线之隔。我之前的想法是,不能也不会同情自己的学生。我认为我的同情心不会让他们尽己所能,相反,他们需要的是我去感同身受。他们需要我的理解和认同,需要我和他们打成一片,而不需要我同情他们。他们想让我了解他们的处境,真正地拉他们一把,帮他们试着克服困难。他们也想让我做一个倾听者,他们需要有人倾听他们的想法。正如美国教育家苏拉·哈特与维多利亚·霍德森所写的那样:"如果我们想启发学生独立思考,做一个坦诚、真实的人,我们首先要自省,做到坦诚、真实。如果我们想让他们知道我们在乎他们的想法和感受,我们就要花点时间倾听他们,站在他们的立场。"

这对你来说同样需要,你需要感同身受。他们并不需要你的同情，而是需要你理解他们，并通过这种理解鼓励他们，最终帮他们取得前所未有的成绩。

表现出你对他们的耐心

在当今面临高风险考试的时代，老师和学生都要承受各种各样的巨大压力。面对这些压力，我们很容易忘记教育的初衷，那就是学习。如果你的学生想要在标准化评测中表现出色，或者在其他的学习过程中追求卓越，你必须每时每刻都表现出对他们的耐心。因为学生的学习方式、思考方式和行为方式各有不同，欣赏他们的差异，表现出耐心极其重要。不是所有的学生都会同时取得成功，但如果对学生表现出不耐烦就会让那些还在不断努力中的学生气馁，从而导致他们表现不佳。

表现出一视同仁

你怎样对待学生？你对他们每人都一样公平吗？你的学生又是怎样认为的？

如果学生认为你区别对待他们，有不公正的行为，你就无法让他们尽其所能。他们想要受到重视，受到欣赏，受到尊重。如

4 | Compassion for Students
Do I Care About Them?

果你区别对待学生，他们就会出现怨恨，这必然会造成班级内不必要的紧张状态。为了避免这种情况，要采取措施保证学生感受到你对他们是公平公正的。

—— 表现出你尽心尽力 ——

在你将该说的说了，该做的也做了之后，还要让学生们相信你对他们的教育成长和发展尽心尽力了。必须要让他们感受到，你每天上班的目的就是要帮助他们不断向目标努力，并且你会一直支持他们。

多年来，我碰到过很多班的老师很明显未对自己的学生尽心尽力——可以感觉出师生双方彼此缺乏尊重。你还能看出老师没有严格要求学生，对他们从不抱很大期望。

几年前我做校长的时候，当地的一个电视节目做了一个有关我的专题节目。到拍摄完成时我都不知情，所以对于最终的报道我没发表任何的意见。在节目中，制片人采访了我的几个学生，我常常用其中一段学生的话来自省。他说："卡费勒校长真的很关心我们，我们没钱买午饭时，他就会买给我们。"虽然他用的词是"关心"，但他实际上是在说我对他和同学们都尽心尽力，我确实做到了。

你也必须对学生整体的教育成长和发展表示出尽心尽力，你必须始终表现出对他们的重视，表现出他们对你很重要，无论遇到什么挑战，你都会不遗余力地助其成功。

表现出你的不卑不亢

你害怕你的学生吗？他们认为你害怕他们吗？

我永远也不会忘记几年前在一所学校任教育顾问的那次经历。校长和我走在一所市区高中的走廊上，当时是上课时间，走廊上的学生却不少，这会儿一个男孩朝我们走来，他戴着帽子，裤子穿得松松垮垮的，还全神贯注地打着手机。我正想着校长会怎么处理这个男生和上课时间来来往往的学生，结果那个男生就迎面走过，完全当我们不存在。我问校长打算怎么处理学生的不当行为，然而他说这司空见惯，已经没法控制和纠正了。

我简直不敢相信自己听到的，但我想明白了，很明显，在学校里存在一些环境和风气的问题。我明显感受到随处可见的来自教师的恐惧感，校长不敢处置打手机的男生和上课时间乱走的学生。

如果害怕学生，我们就无法鼓励、教育他们，提高他们的能力，也不能转变他们的态度。一旦学生们发觉老师怕自己，老师就几

4 | Compassion for Students
Do I Care About Them?

乎无法与学生积极的交流。你不能害怕班里的任何学生,一旦你表现出来,就破坏了你作为教师的威严。从第一天起,你就必须建立老师的威严。如果学生不尊重你,不把你当作权威,你就无法有效地教育和鼓励学生。

Closing the Attitude Gap

第 5 章

学习的环境
我是否为他们提供了最佳的环境

Environment for Learning
Do I Provide My Students with an Environment of Excellence?

自我反思
Reflective Questions

在阅读本章前，请对着镜子回答下列有关学生的问题：

39. 为学生提供一个良好的学习环境
40. 张贴班级目标宣言和愿景
41. 张贴全校的标准化评估目标
42. 张贴学业优秀标准
43. 张贴学习的目标和策略
44. 张贴"荣誉墙"
45. 张贴励志的名言警句
46. 张贴与学生有关的历史图片
47. 张贴大学的校名和图片
48. 张贴职业的名称和描述

5 | Environment for Learning
Do I Provide My Students with an Environment of Excellence?

当我是五年级的任课老师时，所在的教学区决定将所有课程分为不同领域，每个老师只负责一个领域，我选择了社会学。为了让课堂里的学生取得成功，我决定营造一种学习氛围，在讲授专业知识的同时，还能激励他们。我在教室墙壁上的不同区域布置了这些项目：

- 某领域的"每周最佳"
- 家庭作业的"每周最佳"
- 考勤的"每周最佳"
- 目标设定表格
- 优秀学生作业展示

在教室里的各个角落，我还贴上了大学的标志和海报，励志的名言警句，班级目标宣言和愿景，反映有关过去的历史图片，不同职业和工作的名称及描述，学校学业优秀的标准（行为期望），以及我们的标准化评估目标。我为学生创造的环境既有激励作用又充实，用教室的墙壁营造出一种班级内的优良环境和风气，塑造学生的良好态度。

学年中期的时候，校长叫所有五年级的老师们在放学后开个会，我至今还记忆犹新。她说学生们在课间更换教室太嘈杂了，那么就请老师们在每节课去不同的教室上课吧。我难以相信自己听到的——我知道学生的成功不是因为我，而是归功于我所创造的学习环境。在别人创造的环境里教我的学生的效果不会太好，其中有些教室的墙上甚至压根就没任何布置。

我急切地向校长表达了我的担心："我需要在自己营造的学习环境里教学，这样才有效率，我在墙上的布置在改变学生态度方面起着重要作用。"但是，她的回答令我无法忘记，她看着我说："卡费勒，我觉得你可以收起你的那一套了，然后把这种想法带到每个教室里去嘛！"接着我只好强烈地表达了我营造出的学习环境的重要性，此外，我还向她保证了课间会保持楼道的安静。她最后让步了，老师们也回到了自己的教室。

当我成为校长后，我坚持了自己的这种想法，学生不该在墙壁空空的学校内学习。我必须确保整个学校的墙面空间都得到充分利用，就像我曾经利用教室墙面空间一样。墙面上的东西，不管是教室内还是学校里的，都为整体学习环境提供很大的帮助，我认为学生需要这样的环境来取得成功。这些墙面的布置改变着

5 Environment for Learning
Do I Provide My Students with an Environment of Excellence?

学生们的态度，营造出积极的气氛。道格拉斯·费舍尔、南希·弗雷、伊恩·帕皮恩在2012年出版的书中提到："我们的学校能否变得足够令人舒畅，环境易于接受，以至于每个进来的人都认为会有一段独特的美好经历。换句话说，我们的涉众（即访客、赞助商、家长、老师和学生）都能感受到欢迎的氛围吗？"而这个问题必须要有一个简单而明确的答案：是！我完全同意这个说法，你为学生创造的教室环境对于消除学生态度差异和成绩差异至关重要。

几年前，当开始在研讨会上阐述学习环境的作用时，我担心那些经验丰富的老师们会觉得自己没必要听，因为这些对他们来说太小儿科了。而到了我作为全职教学顾问的时候，我更加确信这个问题值得重视和阐述。因为在去教室走访和观察时，我发现有很多希望看到的东西都没有。

为学生提供一个良好的学习环境

你的教室学习环境是什么样的？它能否鼓励你的学生为追求卓越而奋斗？它能否鼓励他们去最大化自己的潜能？它是否让你的学生每天都想回到这里学习？它整洁吗？它干净吗？它有序吗？它是否整齐地摆放着书籍和其他的阅读材料？

学习的环境
我是否为他们提供了最佳的环境

我常说,教室的学习环境必须能够和学生沟通:"进来吧!这就是你想来的地方!"我在全国各地的小学、初中和高中已经见到许多教室就是这样做的——它们富有生机、振奋人心,让学生乐于其中。这种学习环境对于消除学生态度差异有极大的帮助,使得学生能在最好的状态下学习。

我上高中时,在搬到新泽西州中部之前,我所知道的仅仅是市中心的各种事情——这就是我的生活环境。自从2004年开始在美国的一些城市做报告以来,我总会花时间去那所城市的周边看看。我想多去了解学生家庭的周边环境,尤其是那些家境不太好的学生。我想看看他们的家,周围的建筑和商店,我想看看孩子们在课余时间都做些什么。我很想知道不同的城市里,学生们在街道上玩耍的时候都能干些什么。

我所看到的是美国典型的中部城市社区的特点:堕落、衰败和荒芜。如果你开车穿过这些社区,就会看到很多人家的窗户上都装上了护栏——家庭成了一个个囚禁人的地方。在许多这样的社区里,居民们因为帮派和暴力的影响不断扩大而不敢出门。

当然,如我之前所说,恶劣的生活环境不能作为这些孩子每天不按时上学和不努力学习的借口。你的工作在于为学生创造一个可选择的环境——**一个充满希望和承诺的良好环境,它能让伤心的孩子感到愉悦,让孤立的孩子感到关爱,让自尊心差的孩子**

5 | Environment for Learning
Do I Provide My Students with an Environment of Excellence?

相信只要她认真学习，不断努力，她也能成为美国的总统。

一个最佳的学习环境一定是从早到晚都一样的干净、整洁、有秩序。在晚上，管理人员会将教室准备好用于第二天的学习，但下午的的教室则无人保证。这些教室在下午的时候会像当天早晨那样整洁、有序吗？尽管我不能夸大保持整洁有序对学生的激励有多大作用，但仍需加以注意。

张贴班级目标宣言和愿景

当我走进某个学校的校园时，第一件事就是观察校园的地面和门厅有多干净。我也会注意在进入大楼时谁来接待我，怎样接待我。下一件事就是确认学校是否张贴的宣言和愿景，在看到这些标语之前，我对别的东西都不甚在意。我更喜欢在学校的门厅里看到宣言和愿景，这会让你明白这是一所怎样的学校，它能告诉我学校的定位和办学目标。学校的愿景还可以告诉我学校的发展方向，让我知道学校的校风，以及一段时间以来学校究竟有多少进步。所有的教职工和学生都应当知道学校的宣言和愿景，并每天复述一遍（如在晨会的时候）。教室也应当张贴符合班级的宣言和愿景，特别是在小学和初中阶段。教室里的宣言在保持自身特点的同时，也需要与学校的整体方向相一致。

在你的教室里,是否有宣言和愿景?是否张贴了出来?明显吗?你是否要求学生们每天背诵?你是否赋予学生在教室的整体氛围中加入自己的理解和个人发展的机会,让他们有更强的归属感和自主权?

教室的宣言和愿景应当在两句话以内,并且应张贴在教室里显眼的位置,这样所有的学生都能看到它。假如当我走进一所学校,结果看到的是一段段的宣言和愿景时,恐怕几乎没人能记下来并且背出来。只有简洁有力才能清晰透彻,重点突出。

张贴全校的标准化评估目标

每当我询问各层教育人士当前的年度成绩提高水平(AYP)的基准时,他们大多都知道,但当我去问学生时,他们却几乎不知。我一直不明白这点,如果学生都没有一个明确的目标,你怎么期望他们能为学校提高形成合力?年度成绩提高水平就应当是努力的方向和目标,没有目标,你怎么可能到达目的地呢?

在任新泽西中学校长的第一年里,我发现学生们根本不知道该教学区的标准化评估目标。如果他们没有努力的方向,学校整体上就不可能发挥出最佳的状态。我必须让学生们有集体的观念——一个学习的大家庭。我想让他们以一个集体的形式不断努

5 | Environment for Learning
Do I Provide My Students with an Environment of Excellence?

力向标准化评估靠拢，而不是单打独斗。我想让他们保持正确的态度学习和生活：我们是一个优秀的学校集体，我们可以发挥出最好的水平。

开学第一周，我把所有的教职工和学生们都召集到礼堂，并用柱状图直观地展现了我们学校和周围相对富裕社区里的学校的表现，结果学生们对其他学校表现的良好程度感到十分吃惊。我问他们是否愿意接受这个事实，他们一致地回答道："不！"然后，我将这一学年的年度成绩提高水平标准告诉他们，并表示我们要达到甚至超过它。大家纷纷表示同意，之后分别投入了学习和工作。

我把年度成绩提高水平标准张贴在了每个教室、走廊上、餐厅里，甚至澡堂中。我每天都在广播里提及，要让学生们每天看到和听到这个目标，最终将其固化在自己的心里。同时，我也必须确保学生不会认为上学的目的就是为了通过一个标准化的评测而已。

在我到这所学校的第三年，我们终于达到了贴满整栋楼的年度成绩提高水平标准，学生和老师都很欣喜。正是为他们设立了明确的目标，从而进一步改变学生态度的做法取得了成功。我强烈建议老师们也采用这种方法：调整学生的心态，让他们一起努力达到州内标准化的评估标准——重点是作为整体，而不是个人。

张贴学业优秀标准

这些年我问过很多学生:"在你的学校里,优秀意味着什么?"尽管学生的回答通常可以接受,但他们并未提到老师或学校的明确期望。有许多我们老师认为理所当然的东西必须让学生们知道,如果想让学生发挥最高水平,我们必须真切地向他们解释清楚什么是高水平。你的学业优秀标准应该至少包含以下内容:学业期望、作业期望、行为期望。

学业期望

一直以来我都认为,所有学生都应为每个记分周期的荣誉(优秀名单、优秀奖)而奋斗。你的学生了解达到学业优秀荣誉的标准吗?这些标准是否明确列出让学生参考?在这些年我去过的许多学校,只有很少的学生达到了学业优秀标准,但这是不正常的。转变学生的态度必须让学生们时刻知道自己的目标,为了达到这样的目的,一定要把相关标准张贴出来以供学生时刻参考。学生必须准确地明白在你的课堂上什么是优秀,这样他们才能去为之奋斗。

作业期望

仅是告知学生和家长今天的作业和上交时间是远远不够的,

5 Environment for Learning
Do I Provide My Students with an Environment of Excellence?

你的方式必须更加系统化。你的学生必须明白作业不仅是巩固当天所学课程的重要方式,它还反映着你在教室里的重要期望。要确保张贴出你对完成作业的期望,以下是一些可选的标准:

- 只在纸张的正面书写
- 只能使用黑色或蓝色墨水(需要用铅笔的数学题除外)
- 数学无关的作业须用书写体
- 合适的标题内容
- 不得折叠
- 不得褶皱
- 不得撕坏
- 不得脏乱
- 极少的语法错误
- 除非特别要求,作业统一第二天上交

将你的作业政策落实到纸面上,并张贴到教室墙壁上,这可以再次巩固你对学生的期望,有助于构建有利于学习的环境。这同时也起到了镜子的作用,时刻提醒学生所提交作业是对他们自身的一种直观反映。

行为期望

为了消除学生学习态度差异,在教室内取得优异学业成绩,必须让学生将你的行为期望内在化——记住不是规定,而是期望。规定定义了学生在教室里什么能做和不能做,而相对而言,期望讲的是你为学生的行为设定的标准。规定不能改变态度,但期望可以。确保学生明白你希望他们如何表现的最佳办法,就是将你的期望张贴到一个显眼的地方,并经常和学生交流。你还必须督促每个学生达到你的期望,不然你张贴到墙上的文字除了装饰就没太大用处了。

张贴学习的目标和策略

这里有一个我十分感兴趣的话题,在当校长的日子里,每当遇到老师们,我总是会找理由谈到目标设定的重要性。我会经常提醒老师们目标设定只有在真心实意的情况下才能起作用,问题是我们很少有人见识过设定坚定目标、制定策略的真正效果。

在我的专业发展研讨会上,我让那些要求学生在每个阶段设定学业目标和制订实施策略(包括在家和在学校),并将这些目标和策略张贴到墙上的老师举起手来,结果常常是没有几个人举手,我便问他们:"你们希望学生变得优秀,可是还没有让他们确定目标就想让他们取得成果吗?如果学生们没有明确的方向,他们就会一天天漫无目的地度日了。"

5 Environment for Learning
Do I Provide My Students with an Environment of Excellence?

你的目的是消除态度差异,并最终消除成绩的差异。所以,学校的环境和风气必须有助于鼓励学生尽最大努力来争取成功。一种方法就是教会学生设定具体的目标,并制订计划来实现。这正如罗宾·杰克逊在书中所说:"目标的设定和对进度的跟踪使成功逐渐变得真实。"

制作一个目标表格

只有写下来的目标才不会像梦一样容易被忘记,只有写到纸上,目标才能落实。我建议制作一张目标表格——让学生在一张白纸上写上他们一段时期内的目标,以及他们为了实现目标而准备的策略(见下页表)。

目标表格第一部分:目前排名。目标表格的第一部分回答的是自己所处位置的问题,学生们必须评估他们当前的学业排名,并将其写在目标表的目前排名部分,这是整个流程的开端和基础。在这个部分,学生的每个科目的排名都应当列入进去(如果你的教室开设的是专门的某一类课程,那么就把这门课程写在这里)。在每个科目旁边,应当将该科目的当前分数相应地填进去(如果你正处于第一评分阶段,还没有可参考的分数,那么就把每个科目都写成A)。如果你不想让学生的当前成绩被公之于众,就直接跳过目前排名部分而直接进入目标部分。

目标表格样本

第一评分阶段

姓名：_____

目前排名

语言文化：　A

数学：　　　A

科学：　　　C

社会学：　　B

目标

语言文化：　A

数学：　　　A

科学：　　　B

社会学：　　A

策略

语言文化（课堂内）：_____

语言文化（在家）：_____

数学（课堂内）：_____

数学（在家）：_____

科学（课堂内）：_____

科学（在家）：_____

社会学（课堂内）：_____

社会学（在家）：_____

5 | Environment for Learning
Do I Provide My Students with an Environment of Excellence?

目标表格第二部分：目标。目标表格的这部分解决的是学生的方向问题。在这个部分，对应左边的科目部分，学生在和上面目前排名的相同区域写上他们在之后的记分周期想要取得的分数，学生为每个评分设定的目标应当满足这几个条件：

- **有挑战性的**——除非学生已经在该学科得到了A，否则他们应当努力提高自己目前排名部分的分数。

- **现实的**——如果一个学生目前的数学成绩是F，让他一下子获得A的目标明显不现实，他更需要复习一些基本的知识，因为这件事的目的是为了让学生走向成功，而非失败。

- **可达到的**——实现目标能产生成就感，因而成为了在下次记分周期做得更好的动力。然而，如果目标遥不可及，学生便无法感受到短期的成就感，从而也就不能为长期性的成功做铺垫。

制定策略

策略的制定是目标设定过程中最难的部分，这需要你真正地开始制订实现目标的计划，你的计划主要解决的是"我怎样达到目标"的问题。我建议为每个学科做两部分的计划，一部分用于学校，一部分用于家庭，并让你的学生在计划中分别写明他们在课堂上获得成功要做的事，以及在家里需要做的事。如果是小学或初中，那么老师还需要帮助学生制定策略。

在学生的目标表格完全实现之后，你应当把它张贴到教室里的指定区域。如果教室不是学科专用的，那么你可以让学生在专用的笔记本上制作目标表格并打印出来。如果教室是按学科分开的，那么做一点索引的便签，这样就可以方便找到某一学科。有些同我已经共事过很多年的老师已经把目标表格发展成了一门精心准备的艺术项目，其往往赋予学生更多的个性化的东西且获得所属感（比如，他们可以在表格中加入自己的绘画和照片）。

在记分周期的最后时间里，你应当让学生拿实际分数与目标表格中的做比较，然后进行全班讨论或者一对一面谈，以商讨下一步的计划。新阶段的目标表格应当直接覆盖在上一张之上，以便将来进行比较。

张贴"荣誉墙"

我绝对算是个运动爱好者，所以我在演说中曾做过几个典型的类比。许多运动中的事物对于教室里每天发生的都很适用，比如，在体育项目里面，观众和运动员都会为精彩表现或得分而欢呼庆祝，即使最终没有赢得比赛。教室里也应当出现这种氛围：老师们必须寻找每一个可以庆祝学生成绩的理由。多数学生从来没听到任何针对他们的赞扬，他们听到的总是批评、谴责，甚至是打击，

5 Environment for Learning
Do I Provide My Students with an Environment of Excellence?

而"好样的"、"干得好"、"你太棒了"几乎没有在他们的耳边响起过。如果学生常常听到别人说他做得好,他们就更有可能继续把事做好。反之,如果习惯了批评,他们便不愿去改变,因为他们已经默认了指责。

道格拉斯·里夫斯指出,在目前的基础上,一种赞扬学生成绩的方式就是在教室里张贴"荣誉墙",它的唯一目的就是用来表彰学生取得的学业成就。这是学生们的墙,上面的内容都是关于他们的。学生取得成绩的种类有很多,但我在这里主要列出以下适合于放到荣誉墙上的五类:

- 优秀学生名单
- 学科"本月最佳"
- 作业"本月最佳"
- 考勤"本月最佳"
- 优秀学生作业

当然,你也可以根据实际添加类别,甚至只要你觉得这样做合适并且对学生有帮助,就可以多去表扬你的学生。要保证教室环境及以学生为中心,并且把表彰学生取得的成绩作为出发点。

优秀学生名单

很多学校都把优秀学生的名单张贴在教学楼一层的墙上,我完全赞同这种做法，学校的优秀学生就应当高调地展示出来。我同时也坚定地认为这些优秀学生的名字也应当展示在他们的教室里，这是对他们取得的成绩的认可，同时还可以激励其他的同学努力争取早日进入名单。

学科"本月最佳"

在我当校长的第一年里，我查看了学校已有的"本月最佳学生"表彰计划。这个计划只是象征性地表彰了一小部分的学生，但他们实际上是处于互相竞争的状态。所以，我决定通过加入每个学科的优秀来扩充它。这些学生不必彼此竞争，他们只需要达到我设定的每个学科领域的认可标准。这样，一个成绩不太好的学生就可能找到能得到肯定的学科，反过来也会鼓励他在其他的学科也努力取得优秀成绩。对于学科内的"本月最佳"的人数可以根据具体情况把握。

我建议你为你的学生采取相同的方法，设定具有挑战性又切实可行的标准，比如：

- 在所有考试、小测中都取得A或B的学生
- 在所有课堂项目中都取得A或B的学生
- 认真完成所有作业的学生
- 在教室行为表现出色的学生

5 | Environment for Learning
Do I Provide My Students with an Environment of Excellence?

● 积极参加课堂活动的学生

每个月都应当鼓励学生努力达到标准，在月末，将所有达到标准的学生名单或证明张贴到荣誉墙中的对应版块。我的学生是喜欢看到自己的名字写到荣誉墙上——他们喜欢站在前面以敬畏的表情凝视着自己的名字。

作业"本月最佳"

在荣誉墙的另一区域里，张贴在上月按照教室作业的要求完成了所有作业的学生名单，这种认可能够鼓励学生完成每月的所有课业任务。

考勤"本月最佳"

荣誉墙的另一部分应当留作考勤"本月最佳"的区域，在这里张贴上所有在上月未曾缺课的学生名单。

优秀学生作业

作为一名教学顾问，我走进一间教室后查看的第一件东西就是学生的优秀作业。将学生的作业挂起来，这会向学生传递一个信息，教室是关于他们的。他们的所学十分重要，需要放到人人都能看到的地方。

在拿到教室里张贴的学生作品后,我会首先查看上面标注的日期,我希望看到的是最近完成的作业。如果看到的是一个月以前的,我会觉得很失望。只有这些优秀作业不断地更新,学生才会愿意不断努力完成更好的作业,因为他们知道只有这样,自己的作业才会展示到墙上去。

举行例行仪式

在每月的第一天,你应当给学生组织一个简短的、轻松的仪式,可以用在课前或课后的一点时间,你应主要利用这个仪式来表扬那些因为达到标准而登上荣誉墙的学生。这个仪式主要在于表现出你对学生的关心,你重视他们的努力、学业进步和成长。如果你肯多花些精力,投入更多的热情,表达出你为他们感到骄傲,那么这种仪式就会更加有效,并令那些没能登上荣誉墙的学生在新的月份里更加努力。

我还需提醒,在你的教室一定会有一些对表扬和认可不适应的学生,他们经历了很多听不到正面鼓励的日子,所以你必须尽可能想象每种能让他们认可自己的理由。根据你的时间安排和具体情况,如果可以每周表扬学生一次,那最好就不要每月一次,不过这完全取决于你。

5 Environment for Learning
Do I Provide My Students with an Environment of Excellence?

张贴励志的名言警句

我建议将励志的名言打印到信纸大小的彩色纸上,并在教室里张贴出来。在我2009年写的那本《调动黑人男孩的积极性——在学习和生活中实现自我》中,我列举了"卡费勒校长的50条合格学生标准"。以下是其中五条:

- 我相信自己有能力取得优秀的学业成绩
- 我对接受教育有着明确的目标
- 我明白我有责任做到优秀
- 我有决心取得优秀的学业成绩
- 我对取得优秀学业成绩有着美好的愿景

在我作为一名教师时,为了让教室环境展现出积极向上,我会在墙上张贴几条这些标准,并且在课程中一直灌输这些思想,让学生们将这些信息内在化。后来我成为了校长,我将这种方式进一步拓展:我将这50条标准打印出来,并且分别张贴到了学校的每一个角落。我还将走廊利用起来,打造成自己的教育场所,让学生在课间也能接触到这些标准。这样做的目的就是创造积极的环境,从而调动起学生的积极性。

张贴与学生有关的历史图片

在成绩优秀的白人和亚裔孩子，与成绩较差的黑人和拉丁裔孩子之间的成绩差异不可能在短期内消失。多年来我一直认为原因是老师对转变学生的态度不够重视，只有等到我们真正关注学生的态度时，我们才会逐渐消除学生在成绩上的巨大差距。

作为教育工作者，我们必须将重点放在对成功典型案例的塑造上，尤其是之前那些来自城市和乡村的年轻人们。多数年轻人的周围都是一些负面的形象，这会让他们认为自己与那些人一致，越来越倾向于负面——而你可以为他们提供一些正面的选择。

在进入到新世纪以后，媒体仍用一些负面的、具有破坏性的，或者滑稽的黑人和拉丁裔形象来指责他们。在你的课堂中，你可以通过增进学生们对自身的了解来改变他们在媒体中接收到的负面消息，同时你也需要自己不断了解历史（第6章会有详述）。你是否在你的教室里张贴与学生的种族一致的正面人物形象？你张贴的形象是何种类型？这些形象与你的学生有什么关系？当你想在教室里建立一个有助于消除态度差异的学习环境时，我建议你考虑一下这些问题。

5 Environment for Learning
Do I Provide My Students with an Environment of Excellence?

—— 张贴大学的校名和图片 ——

鼓励学生拥有对大学的向往再早也不为过，老师们应当在很早的时候就开始这样做，比如从学前教育就给他们提供相关信息。为了加强这种效果，在墙上挂上包含大学名字和图片的宣传海报是个好办法。许多孩子来自没有大学毕业生的家庭，所以作为老师的你应当将他们对高等教育的憧憬化为现实。此外，邀请大学毕业生到班级中进行交流，或是组织学生到大学校园中参观也是很好的方式。

—— 张贴职业的名称和描述 ——

很多学生都没有意识到未来有无数的机会和选择在等着他们，我经常对教师们讲："如果学生们都不知道未来有很多机会在等待着他们，你怎么能指望他们有广阔的志向呢？"学生的背景各不相同，但他们都可以抱有广阔美好的梦想——但由于缺乏对相关信息的了解，他们对这些机会一点概念都没有。

我建议你在教室的墙壁上留出适当空间，用来张贴职业名称及其描述。并与学生进行讨论，也可鼓励学生自己去认识它们。这样做的重点在于让学生加强了解和认识：学生了解得多了，他们对自己和未来的态度就会往好的方向转变。

Closing the Attitude Gap

第 6 章

中肯的指导
我了解"学生的故事"吗

Relevance in Instruction
Do I Realize Who My Students Are?

自我反思
Reflective Questions

在阅读本章前,请对着镜子回答下列问题:

49. 了解你的学生

50. 让学生知道"自己是谁"

51. 学生了解"自己的故事"的重要性

52. 确保学生了解学习"自己的故事"的重要性

53. 向学生讲述"自己的故事"是教育者的责任

54. 学习"他们的故事"是学生的责任

55. 在教学中涉及有关"学生的故事"

56. 帮助学生理解且认同所教授的内容

57. 了解"他们的故事"的方式会影响学生对自己的认知

58. 了解"他们的故事"会影响你对他们的认知

6 | Relevance in Instruction
Do I Realize Who My Students Are?

在第2章里，我曾说过自己是多么想以演讲者的身份去访问位于阿拉巴马州的蒙哥马利，而另一个我同样神往的城市则是阿肯色州的小石城。多年来，我一直想去小石城中央中学看看。1957年，在美国最高法院废除种族隔离后仅仅第3年，有9名黑人学生（即小石城九勇士）被拒绝入学。"小石城九勇士"事件成为了美国民权运动的关键事件，而这段历史也深深地影响了我，因此才有了今天的我。"小石城九勇士"的故事我读了一遍又一遍，他们的勇气深深打动着我。我时常自问，如果换作是我，能否承受他们所经历的一切。2010年7月，我终于收到了小石城中央中学的访问邀请。在电子邮件中，校长邀请我为那里的老师们开展一场专业发展研讨会，我终于有机会见识一下这栋古老建筑的伟大。

在学习"小石城九勇士"和非裔美国人历史的同时，我渐渐与非裔美国人的历史产生共鸣——把它看作是发生在自己身上的事，自己好像是历史中的人物。我把自己视为经历了几个世纪的成就和苦难民族的后代，但也是延续的一部分（渐渐懂得我的存在就是对这一伟大的遗产的延续），这就是我在过去24年坚持这项事业的原因。正是对"小石城九勇士"的理解，对其他非裔美国人历史的认识，才让我体会到作为教育工作者的使命。这些是与我十分贴近的故事，能帮助我更好地认识世界。通过了解在我之前的非裔美国人的伟大，我开始对自己有着不同的理解；我把自己看作是伟人的后代，这推动着我用更加积极的眼光来看待自己。对我来说这趟小石城高中之旅更像是一次革新之旅，仅仅是想到将要进入这所学校，就已难以平抚激动的情绪。同时，它时刻提醒着我绝不能辜负那九个勇敢的学生所留下的精神遗产。

在深入地研究非裔美国人的历史以前，我其实并不明白自己到底是谁。遗憾的是，许多学生他们也不是十分了解自己，因为他们不知道自己的历史。再加上大部分老师也并不了解少数人种学生的历史，这令你的教室里潜藏着危险。

自从我从事教师职业以来，不管我和我的同事们从会议、演讲、研讨会、期刊和书籍中提升了多少自身能力，我一直都记得在每天将要结束前提醒自己说，学生们在明白"自己是谁"前是不可能取得成绩的。我到现在依然坚持认为，少数人种学生的学业问题与他们的读、写能力或者运算能力是没有多少关联的，我认为这些孩子跟其他人一样的聪慧和具有才能。我相信只要创造

6 Relevance in Instruction
Do I Realize Who My Students Are?

追求卓越的学习环境，他们定能成功。毫无疑问，他们一定有能力做到这点。相反，我担心的是他们的立足点，对自身才能的认识和感悟，以及对成功的渴望。

在我2009年出版《调动黑人男孩的积极性——在学习和生活中实现自我》一书里，我关注的是黑人男孩以及他们根据有关自己的历史文化对"自己是谁"这个问题的解答。我认为除非他们能够解答这个问题并因此认识到历史中对自己的定位，不然成绩差异很难消除。为什么我这样说？因为"我是谁"的答案关乎的是学生们的立足点，这可以增进他们对自我的认识以及对社会整体的认识。了解历史中的自己可以加深他们对人生目标的感悟，这可以让他们更懂得自身存在的意义，尤其是当他们知晓了那些为他们的今天而付出艰辛努力的先辈们。这是历史的重要遗产，尤其对黑人和拉丁裔学生更为重要，因为他们自身的历史长期被有关历史书籍所排斥、扭曲，甚至是被忽略。

如果老师不能回答"我了解自己的学生吗"这个问题的话，那么让学生回答"我自己是谁"也是一个难事。在美国，我敢说那些不了解黑人和拉丁裔孩子历史的老师有成千上万，因为他们跟这些学生一样从来没有深入地了解过相关的历史。结果就是，对历史知识的缺乏和对学生状况了解的不足——学生自己到底是谁，老师和学生都回答不出来。

了解你的学生

课堂里的每个学生都有自己的故事,并且各具特色。你知道学生们的故事吗?他们的故事从个体的角度定义了自己。通过了解他们的故事,你可以增进对他们的认识。他们的故事,就是他们的人生经历,塑造了今天的他们。作为他们的老师,你有责任通过了解他们的故事来进一步认识你的学生。

除了一个个独特的故事以外,你的每一个学生同时构成整体的故事集。他们每个人都有自己的历史,而这些历史影响着每一个学生。我对这一现象做过充分地描述,因为它关系到黑人学生,黑人悠久而光辉的历史需要被每个美国人所了解、研究和学习。遗憾的是,这个"故事"还未被充分地了解、研究或学习,结果是,每次我问起"我是否了解我的学生"时,我的回答都是"不"。

还需要从历史的角度来了解学生,你必须从整体的角度来认识他们,它们可以解释少数人种学生每天面临各类生活挑战的原因。如果学生不了解自己的历史,他们就有可能趋向于任何与自己相仿的人,而这些人的行为则有可能是颇具破坏性的,这种情况的发生仅仅是因为他们缺乏来自同样种族的榜样作为参考。为了解决这个问题,你必须学习学生们的故事并讲述给他们。

6 Relevance in Instruction
Do I Realize Who My Students Are?

让学生知道"自己是谁"

每当看到黑人和拉丁裔学生的成绩，再加上他们当中有太多人甘愿接受平庸和失败的事实，我清楚地意识到太多人与自己的历史脱节了。但这不能怪学生：如果学生没有机会接触到他们"自己的故事"，对于他们自己根本不知晓的事情，我们怎能奢求他们更多的了解呢？所以必须要有人告诉学生们这些历史。

设想你早上醒来，走到镜子面前，结果却认不出里面的自己。你环顾四周，屋里的东西也是陌生的。当你看到家人时，他们对你就像是陌生人一样。遇到了记忆缺失，你完全不记得过去的事情。从历史和文化角度来看，这就是很多学生面临的现实。他们认不出镜子中的自己，他们得了文化记忆缺失症——完全丧失了对历史和文化的记忆。

学生了解"自己的故事"的重要性

从一个学年开始到这个学年结束，教师面临了巨大的教学压力。在他们的观念里，全国的标准化评估分数被认为是首要任务，那么这很有可能意味着他们将大部分精力都用在了提高学生的数学、阅读和写作成绩上面去了。除了正常的上课时间，学生们很有可能会被要求每天在学校多待一个小时，或者在星期六的早上接受这三个核心科目的额外辅导。

让学生们花费数小时备考来努力消除成绩差异，意味着学生需要在课业上花费更多时间，而我认为"他们不是真的需要"，他们只是需要一个公平的竞争环境。因为这些学生与他们的文化脱节了，他们缺乏学习的动力。当你的学生认识到他们的"过去"时，他们才会更理解和珍惜自身的力量，并去完成任何他们所期望的事。

确保学生了解学习 "自己的故事"的重要性

当你控制了一个人的思想，你就不用担心他的行为了。你不用去告诉他不能站在这里或是要去那里，他会自己找到"合适的位置"，并待在那里。你不用把他带到后门，他会自己去。事实上，如果没有后门，他会为自己的利益而开辟出一道后门，因为他受到的教育是这样的。

上面的这一段话我经常用在自己的发言里，它来自卡特·伍德森1933年所著的经典《对黑人的错误教育》。很多少数人种的学生不想知道他们的过去，因为他们把"历史"看作是又一门复杂无趣的学习科目。某种意义上，他们的思维被某种东西所控制了。每当

6 | Relevance in Instruction
Do I Realize Who My Students Are?

老师们向我抱怨他们的学生似乎不想学习自己的文化时,我告诉他们,这再正常不过了——正如上面卡特·伍德森所阐述的那样。

在我的教学生涯里,我遇到过许多对学习"自己的故事"很有激情的年轻人,这令我颇感欣慰。他们感到这些故事属于他们,他们有责任去学习和了解。事实上,许多人已经对他们所在的学校和地区没有充分地教授这些历史而产生抱怨。每当这些学生目睹社区里所存在的犯罪、暴力、帮派和毒品交易等行为时,他们就会清楚这些问题的源头在于对自身历史的极度缺乏。他们明白现在缺乏的是什么,同时也懂得并认识到"他们的故事"的重要性。

向学生讲述"自己的故事"是教育者的责任

社会学和历史的任课老师会明白向学生讲述"自己的故事"的重要性,但其他学科呢?比如数学老师或生物老师?这些老师是否也有责任教学生们"他们的故事"呢?答案是确定的:有责任。

我遇到的许多贫困的少数人种学生放弃希望,是因为他们觉得自己没法应对面临的挑战,从而转去过一种得过且过的生活。许多学生和我一样,都感觉他们没法在学校学习,因为他们的同学常不去学习。有些甚至告诉我同学向他们施压，从而出现了现在的状况，因为在他们看来，学习好是一种不酷的行为，因此拒绝学习。那些学习优秀、成绩突出的学生最终迎来的是嘲讽、骚扰、孤立，甚至是伤害。而很多孩子是单亲家庭的这一现实，更会让他们脾气暴躁。所以，难怪有许多聪明能干的学生选择放弃，他们丧失了希望，觉得自己没法继续在学校读下去。

尽管这些现实问题不容忽视，你仍有方法让教室里的学生走向成功。你是学生的人生改变者和人生构建者，可以用你的方式和资源来让你的学生充满信心，其中一个方式就是告诉他们有关自己的故事，不论今天你的学生身陷什么样的困难之中，总有人经历过同样的（甚至更差）的生活。他们面对困难，在自己的人生中创造出非凡的壮举。不管是什么原因，他们也像你的学生一样遇到重重困难，但他们坚持下来了。他们不放弃、不退出、不愿接受失败，他们决意成功并胸怀把事业完成的意志。这些先驱者就是你要给学生们讲述的故事——如果让学生了解这些非凡的历史，他们将会理解，并且会效仿前人的做法。

有关学生们"自己的故事"不一定要在历史课上讲，举例来说，那些伟大的科学家或发明家的故事可以在科学课上讲，那些数学家或工程师的故事适合在数学课上讲，作家或教育家的故事适合在语言课上讲。我仍然记得当我读到下面这些杰出的发明家

6 Relevance in Instruction
Do I Realize Who My Students Are?

的故事时，我有多么好奇。

- 路易斯·拉蒂默——发明了电灯和电灯泡的炭灯丝，写了第一本有关电气照明的书，设计了第一部电话的蓝图。

- 格莱维尔·伍兹——发明了电气铁路系统第三轨、火车感应电报系统、自动空压制动器。

- 简·马兹林格——发明了将鞋底装到鞋子上的自动鞋帮机。

- 诺伯特·瑞利克斯——发明了精炼糖的蒸发锅。

- 佛雷德里克·琼斯——发明了用于卡车和火车的制冷装置、自动售票机、便携式X射线机。

- 以利亚·麦考伊——发明了机器自动润滑系统。

- 加勒特·摩根——发明了自动交通信号系统和防毒面具。

这些发明家只是黑人故事中的一小部分，但对他们的了解一直激励着我想要知道更多。我从前不知道在历史上这样的科学天赋是我的一部分，将它们告诉孩子们，你的学生也会受到同样的启发。

你向学生介绍"他们的故事"时，环境至关重要。举个例子，当我面对听众开口之前，我总会观察一下我的听众，然后用适合他们的方式传达我的信息。作为一个讲演者，最忌讳的就是向听众传达与他们无关的信息。这点教室里也同样适用：你必须考虑到你的学生状况，确保你的课程与他们相关，有所共鸣，让他们易于接受。

> 中肯的指导
> 我了解"学生的故事"吗

── 学习"他们的故事"是学生的责任 ──

在美国施行奴隶制的那段时间里,为了让奴隶处于永久的被奴役状态,出现了很多管制方式,其中最严厉的方式就是剥夺奴隶阅读和写字的权利,从而剥夺他们了解自己历史的权利。奴隶主们十分明白,如果他们的奴隶学会了阅读和书写或是了解了他们的过去,那就难以长期控制他们了(废奴主义者,曾被奴役过的弗雷德里克·道格拉斯就是一个真切的例子:他在年轻的时候学会了阅读和写字,他不喜欢也不愿做奴隶,于是最终他跑了出来)。直到今天,关于非洲人和非裔美国人的课程仍未在学校中得到妥善的恢复,很多黑人学生因而对历史保持无知姿态。这非常遗憾,因为本来奴隶制以前的黑人的成就可以在各个学科有所体现,包括科学与技术、工程与建筑、占星学、天文学以及数学。如果我们想消除态度差异(以及扩展到成绩差异),就必须要保证在让学生能接触到他们历史的同时,还要让他们知道学好自身的历史是他们的责任。

── 在教学中涉及有关"学生的故事" ──

最近,我在一所学校暑假后开学的第一天召开了一场专业发

6 | Relevance in Instruction
Do I Realize Who My Students Are?

展研讨会。在我讲话之前,老师们第一次见到了五年内的第四任新校长。新校长发言时,我也认真听着,同时也观察着老师们的反应,我看着他们的眼睛、他们的肢体语言以及他们的面部表情。这几年来,他们换过了多个校长,我只能去猜他们心里到底在想什么。轮到我发言了,我不像平时那样直接入题,我先让老师们放松一下并用五分钟讨论和总结一下之前从新校长那里听到的东西。五分钟之后,我才切入主题,因为我需要考虑这些老师在听过了新校长发言后的状况。我想要让发言与老师的具体需求相关,这就包括来自于新校长的要求。我必须将"他们这个群体的"故事考虑在内,才能取得最大的效果。

当我是一名普通课程教师时,所在的城市有98%的人都为黑人。作为教师跟学生只进行一般性的接触是不够的,我需要从历史和文化方面与学生直接对话。比如,在数学方面,我需要将课程同这些概念的历史源头并列起来,而很多概念正是发源于非洲。同时,我需要让数学在课堂内外都能与学生的生活产生联系。换句话说,我必须将自己的课程与他们的故事和日常生活联系起来。

同样的道理适用于其他学科领域,如在语言艺术方面,我想让我的学生了解更多美国历史上的众多伟大的黑人作家,因此我将这些作家介绍给他们,如詹姆斯·鲍德温、格温多琳·布鲁克斯、康迪·卡伦、保罗·劳伦斯·邓巴、拉尔夫·艾莉森,以及兰斯·顿休斯（当然还有很多）。我不仅想让学生知道这些黑人作家的存在，还想要学生意识到他们在书中所讲述的故事——这些故事，总的来说就是我学生们的故事。当然，在社会学或历史课里面，这些故事更应当从头到尾地讲述。

安排课程时，你必须考虑"学生究竟是谁"，必须将他们的故事灌输在你的课程里面。如之前所述，你的课程必须在文化上与学习者相关，有所共鸣，让他们易于接受。这不是说必须将历史强行地植入每个学科，而是说要参考学生的种族或文化背景，从而相应地调整你的教学。

帮助学生理解且认同所教授的内容

你的学生是否理解和认同你教授的内容？他们是否认为这些内容与自己的生活相关？他们是否能将你所教的运用于生活？有很多贫困学生成绩较差，是因为他们觉得老师教的东西没有用处。为了转变他们的这种想法，必须确保你的学生融入到你教授的课程中来。在我授课的时候，我经常把课程与学生联系起来。我想让他们在我的课堂中找到自己，能把学到的内容用于多个方面。你也必须这么做。

6 | Relevance in Instruction
Do I Realize Who My Students Are?

了解"他们的故事"的方式
会影响学生对自己的认知

就在下笔之前,我在广播上听到一段对城市犯罪行为的讨论。这里讨论的犯罪行为是城市里九岁、十岁的男孩涉及武装劫车和非法闯入的事件。造成此事件有两方面的原因:一方面是操纵这些孩子的人,另一方面就是这些孩子自己。这些单独的个体都没有弄清从历史的角度来说自己的社会角色是什么,主要原因就是他们从没把自己当作是伟大历史遗产的继承人,才最终走上了犯罪道路。

作为老师,你的首要责任之一就是改变学生看待自己的方式。他们必须把自己看成是漫长而伟大历史成就的延续,并且完全有能力完成你安排的学习任务。历史基础的缺失会让他们陷入迷茫,缺乏从集体的角度考量自己作为个体的角色和责任。只有让他们接触到自己的历史,并更多地了解自己是谁以及自己具有的能力,才能降低他们参与学校外的不当行为的可能性。

了解"他们的故事"
会影响你对他们的认知

了解学生的故事一定会影响你对他们的认知,你必须将你的所有学生看作是胜利者、未来之星,并认为他们能够并且愿意发挥自己能力的学生。我在美国遇到过很多老师,他们都对与学生有关的过去不甚了解(尤其是对那些黑人或拉丁裔学生)。这些老师只知道他们接触到的信息——但这些信息往往都是媒体发布的信息,它们要么消极肤浅,要么呆滞死板。作为老师应该了解学生祖辈的贡献和奋斗史,并将学生看作是这种伟大品质的继承人,这一定会让你加深对他们的看法。老师把学生当作是能力丰富的明日之星至关重要,并且将他们视为历史长河中的一部分更是不可或缺的。

结语

　　过去20年里,我有幸获得过至少100项奖项。每一项都非常重要,都是作为教育工作者的荣耀。但是,最近收到的一份荣誉,我觉得它比任何奖励在我心中的地位都要高,我之前在这本书里也有所提及。那就是我的母校——新泽西州尤宁郡的肯恩大学为我颁发的"杰出校友奖"。当看到那封通知我获得这个奖的信件时,我激动万分,就像我的使命里教育的事业达到了顶峰。

　　1984年,在被肯恩大学录取前,我在高中花了整整5年时间,可是实际上也没学到什么。这5年算是过得最差劲的5年:我是最差的学生,学校教育环境和状况都非常恶劣。在就读肯恩大学以后,我系统地研究了非裔美国人的历史(也就是有关于我的祖先的历史),这彻底地改变了我。我有了追求成功的想法:对知识变得渴求,变得专心致志,变得向往美好和成功。于是我努力让自己做到最好,这逐渐让我形成了正确的态度。自从在肯恩大学就

Conclusion

读之后，我一直都在追寻着自己的方向和目标：激励、教育、鼓励学生，并且坚信自己一定能成功的决心。为了再次实现我这些年来所体会过的成功，信念是至关重要的：我要做的工作是非常艰难的，但这绝对是值得的。正是这种信念让我坚持了下来，并且努力去帮助我的学生。

在描述自己的经历时，我其实也在描述着你的学生——尤其是那些像我年轻时一样可能面临着失败的学生。现在的学生要面对更多的挑战和困难，但如果老师一直坚持消除学生的消极态度，并全身心地投入教育，那么他们未来也一定会取得成功。如果你的学生坚持追求成功的信念，那么成功一定会是他们的。

从2012年7月刚开始下笔写这本书以来，已经与数千名学生进行过交流（其中包括小学生、中学生）。这些学生很多都面临着失败的境遇——不是他们不够出色，而是生活的环境影响了他们，所以他们才会认为自己一定会失败。尽管老师们不能改变学生们校外的生活环境，但我们可以改变他们看待自己、看待教育以及看待未来的态度。如果这本书能够让老师、校长或是其他教育工作者开始反思，从而行动起来，去改变学生们的命运，这便是我的期望。

"常青藤"书系—中青文教师用书总目录

	书名	书号	定价
特别推荐——从优秀到卓越系列			
★	从优秀教师到卓越教师：极具影响力的日常教学策略（入选浙江省教师节用书）	9787515312378	33.80
★	从优秀教学到卓越教学：让学生专注学习的最实用教学指南	9787515324227	39.90
★	从优秀学校到卓越学校：他们的校长在哪些方面做得更好	9787515325637	33.80
★	卓越课堂管理（中国教育新闻网2015年度"影响教师的100本书"）	9787515331362	88.00
名师新经典/教育名著			
★	马文·柯林斯的教育之道：通往卓越教育的路径（《中国教育报》2019年度"教师喜爱的100本书"，中国教育新闻网"影响教师的100本书"。朱永新作序，李希贵力荐）	9787515355122	49.80
★	如何当好一名学校中层：快速提升中层能力、成就优秀学校的31个高效策略	9787515346519	29.00
★	像冠军一样教学：引领学生走向卓越的62个教学诀窍	9787515343488	49.00
	像冠军一样教学2：引领教师掌握62个教学诀窍的实操手册与教学资源	9787515352022	68.00
★	如何成为高效能教师（美国最畅销教师用书，销量超过350万册，教师培训第一书）	9787515301747	89.00
★	给教师的101条建议（第三版）（《中国教育报》"最佳图书"奖）	9787515342665	33.00
★	改善学生课堂表现的50个方法（入选《中国教育报》"影响教师的100本书"）	9787500693536	33.00
	改善学生课堂表现的50个方法操作指南：小技巧获得大改变	9787515334783	29.00
★	优秀教师一定要知道的17件事（美国当前最有影响教育畅销书作者全新力作）	9787515342726	23.00
	美国中小学世界历史读本/世界地理读本/艺术史读本	9787515317397等	106.00
	美国语文读本1-6	9787515314624等	252.70
	和优秀教师一起读苏霍姆林斯基	9787500698401	27.00
	快速破解60个日常教学难题	9787515339320	39.90
★	美国最好的中学是怎样的——让孩子成为学习高手的乐园	9787515344713	28.00
	建立以学习共同体为导向的师生关系：让教育的复杂问题变得简单	9787515353449	33.80
教师成长/专业素养			
	卓越教师工具包：帮你顺利度过从教的前5年	9787515361345	49.00
★	可见的学习与深度学习：最大化学生的技能、意志力和兴奋感	9787515361116	45.00
	学生教给我的17件重要的事：带给你爱、勇气、坚持与创意的人生课堂	9787515361208	39.80
★	教师如何持续学习与精进	9787515361109	39.00
	从实习教师到优秀教师	9787515358673	39.90
	像领袖一样教学：改变学生命运，使学生变得更好（中国教育新闻网2015年度"影响教师的100本书"）	9787515355375	49.00
	你的第一年：新教师如何生存和发展	9787515351599	33.80
	教师精力管理：让教师高效教学，学生自主学习	9787515349169	28.00
	如何使学生成为优秀的思考者和学习者：哈佛大学教育学院课堂思考解决方案	9787515348155	39.90
	反思性教学：一个已被证明能让所有教师做到最好的培训项目（30周年纪念版）	9787515347837	49.00
	凭什么让学生服你：极具影响力的日常教育策略（中国教育新闻网2017年度"影响教师的100本书"）	9787515347554	28.00
	运用积极心理学提高学生成绩（中国教育新闻网2017年度"影响教师的100本书"）	9787515345680	39.80

	书名	书号	定价
	可见的学习与思维教学：成长型思维教学的54个教学资源：教学资源版	9787515354743	36.00
★	可见的学习与思维教学：让教学对学生可见，让学习对教师可见（中国教育报2017年度"教师最喜爱的100本书"）	9787515345000	29.80
	教学是一段旅程：成长为卓越教师你一定要知道的事	9787515344478	39.00
	安奈特·布鲁肖写给教师的101首诗	9787515340982	35.00
	万人迷老师养成宝典学习指南	9787515340784	28.00
	中小学教师职业道德培训手册：师德的定义、养成与评估	9787515340777	32.00
	成为顶尖教师的10项修炼（中国教育新闻网2015年度"影响教师的100本书"）	9787515334066	35.00
★	T. E. T. 教师效能训练：一个已被证明能让所有年龄学生做到最好的培训项目（30周年纪念版）（中国教育新闻网2015年度"影响教师的100本书"）	9787515332284	49.00
	教学需要打破常规：全世界最受欢迎的创意教学法（中国教育新闻网2015年度"影响教师的100本书"）	9787515331591	33.00
	10天卓越教师自我培训（教育家安奈特·布鲁肖顶尖卓越教师培训教材）	9787515329925	29.00
	给幼儿教师的100个创意：幼儿园班级设计与管理 / 为幼升小做准备	9787515330310等	58.00
	给小学教师的100个创意：发展思维能力	9787515327402	29.00
	给中学教师的100个创意：如何激发学生的天赋和特长 / 杰出的教学 / 快速改善学生课堂表现	9787515330723等	87.90
	以学生为中心的翻转教学11法	9787515328386	29.00
	如何使教师保持职业激情	9787515305868	29.00
★	如何培训高效能教师：来自全美权威教师培训项目的建议	9787515324685	32.00
	良好教学效果的12试金石：每天都需要专注的事情清单	9787515326283	29.90
★	让每个学生主动参与学习的37个技巧	9787515320526	28.00
	给教师的40堂培训课：教师学习与发展的最佳实操手册	9787515352787	39.90
	提高学生学习效率的9种教学方法	9787515310954	27.80
★	优秀教师的课堂艺术：唤醒快乐积极的教学技能手册	9787515342719	26.00
★	万人迷老师养成宝典（第2版）（入选《中国教育报》"2010年影响教师的100本书"）	9787515342702	29.00
	高效能教师的9个习惯	9787500699316	26.00
	课堂教学/课堂管理		
	跨学科项目式教学：通过"+1"教学法进行计划、管理和评估	9787515361086	49.00
	课堂上最重要的56件事	9787515360775	35.00
★	全脑教学与游戏教学法	9787515360690	39.00
★	深度教学：运用苏格拉底式提问法有效开展备课设计和课堂教学	9787515360591	49.90
★	一看就会的课堂设计：三个步骤快速构建完整的课堂管理体系	9787515360584	39.90
	如何有效激发学生学习兴趣	9787515360577	38.00
	如何解决课堂上最关键的9个问题	9787515360195	49.00
	多元智能教学法：挖掘每一个学生的最大潜能	9787515359885	39.90
★	探究式教学：让学生学会思考的四个步骤	9787515359496	39.00
	课堂提问的技术与艺术	9787515358925	49.00
	如何在课堂上实现卓越的教与学	9787515358321	49.00

	书名	书号	定价
	基于学习风格的差异化教学	9787515358437	39.90
★	如何在课堂上提问：好问题胜过好答案	9787515358253	39.00
★	高度参与的课堂：提高学生专注力的沉浸式教学	9787515357522	39.90
	让学习变得有趣	9787515357782	39.00
★	如何利用学校网络进行项目式学习和个性化学习	9787515357591	39.90
	基于问题导向的互动式、启发式与探究式课堂教学法	9787515356792	49.00
	如何在课堂中使用讨论：引导学生讨论式学习的60种课堂活动	9787515357027	38.00
	如何在课堂中使用差异化教学	9787515357010	39.90
★	如何在课堂中培养成长型思维	9787515356754	39.90
	每一位教师都是领导者：重新定义教学领导力	9787515356518	39.90
★	教室里的1-2-3魔法教学：美国广泛使用的从学前到八年级的有效课堂纪律管理	9787515355986	39.90
	如何在课堂中使用布卢姆教育目标分类法	9787515355658	39.00
	如何在课堂上使用学习评估	9787515355597	39.00
	7天建立行之有效的课堂管理系统：以学生为中心的分层式正面管教	9787515355269	29.90
	积极课堂：如何更好地解决课堂纪律与学生的冲突	9787515354590	38.00
	设计智慧课堂：培养学生一生受用的学习习惯与思维方式	9787515352770	39.00
	追求学习结果的88个经典教学设计：轻松打造学生积极参与的互动课堂	9787515353524	39.00
	从备课开始的100个课堂活动设计：创造积极课堂环境和学习乐趣的教师工具包	9787515353432	33.80
	老师怎么教，学生才能记得住	9787515353067	48.00
	多维互动式课堂管理：50个行之有效的方法助你事半功倍	9787515353395	39.80
	智能课堂设计清单：帮助教师建立一套规范程序和做事方法	9787515352985	49.90
	提升学生小组合作学习的56个策略：让学生变得专注、自信、会学习	9787515352954	29.90
	快速处理学生行为问题的52个方法：让学生变得自律、专注、爱学习	9787515352428	39.00
	王牌教学法：罗恩·克拉克学校的创意课堂	9787515352145	39.80
	让学生快速融入课堂的88个趣味游戏：让上课变得新颖、紧凑、有成效	9787515351889	39.00
★	如何调动与激励学生：唤醒每个内在学习者（李希贵校长推荐全校教师研读）	9787515350448	39.80
	合作学习技能35课：培养学生的协作能力和未来竞争力	9787515340524	45.00
	基于课程标准的STEM教学设计：有趣有料有效的STEM跨学科培养教学方案	9787515349879	68.00
	如何设计教学细节：好课堂是设计出来的	9787515349152	39.00
	15秒课堂管理法：让上课变得有料、有趣、有秩序	9787515348490	33.80
	混合式教学：技术工具辅助教学实操手册	9787515347073	39.80
	从备课开始的50个创意教学法	9787515346618	29.00
	中学生实现成绩突破的40个引导方法	9787515345192	33.00
	给小学教师的100个简单的科学实验创意	9787515342481	39.00
	老师如何提问，学生才会思考	9787515341217	33.80
	教师如何提高学生小组合作学习效率	9787515340340	29.00
	卓越教师的200条教学策略	9787515340401	35.00
	中小学生执行力训练手册：教出高效、专注、有自信的学生	9787515335384	33.80
	从课堂开始的创客教育：培养每一位学生的创造能力	9787515342047	33.00

	书名	书号	定价
	提高学生学习专注力的8个方法：打造深度学习课堂	9787515333557	35.00
	改善学生学习态度的58个建议	9787515324067	25.00
★	全脑教学（中国教育新闻网2015年度"影响教师的100本书"）	9787515323169	38.00
★	全脑教学与成长型思维教学：提高学生学习力的92个课堂游戏	9787515349466	39.00
★	哈佛大学教育学院思维训练课	9787515325101	36.00
	完美结束一堂课的35个好创意	9787515325163	28.00
	如何更好地教学：优秀教师一定要知道的事（被英国教育界奉为圣经的教学用书）	9787515324609	36.00
	带着目的教与学	9787515323978	28.00
★	美国中小学生社会技能课程与活动（学前阶段/1-3年级/4-6年级/7-12年级）	9787515322537等	153.80
	彻底走出教学误区：开启轻松智能课堂管理的45个方法	9787515322285	28.00
	破解问题学生的行为密码：如何教好焦虑、逆反、孤僻、暴躁、早熟的学生	9787515322292	36.00
	13个教学难题解决手册	9787515320502	28.00
★	让学生爱上学习的165个课堂游戏	9787515319032	39.00
	美国学生游戏与素质训练手册：培养孩子合作、自尊、沟通、情商的103种教育游戏	9787515325156	49.00
	老师怎么说，学生才会听	9787515312057	28.00
	快乐教学：如何让学生积极与你互动（入选《中国教育报》"影响教师的100本书"）	9787500696087	29.00
★	老师怎么教，学生才会提问	9787515317410	29.00
★	快速改善课堂纪律的75个方法	9787515313665	28.00
★	教学可以很简单：高效能教师轻松教学7法	9787515314457	39.00
★	好老师可以避免的20个课堂错误（入选《中国教育报》"影响教师的100本图书"）	9787500688785	39.90
★	好老师应对课堂挑战的25个方法（《给教师的101条建议》作者新书）	9787500699378	25.00
★	好老师激励后进生的21个课堂技巧	9787515311838	39.80
★	开始和结束一堂课的50个好创意	9787515312071	29.80
	好老师因材施教的12个方法（美国著名教师伊莉莎白"好老师"三部曲）	9787500694847	22.00
★	如何打造高效能课堂（美国《学习》杂志"教师必选"奖，"激励教师组织"推荐书目）	9787500680666	29.00
	合理有据的教师评价：课堂评估衡量学生进步	9787515330815	29.00
班主任工作/德育			
★	北京四中8班的教育奇迹	9787515321608	36.00
★	师德教育培训手册	9787515326627	29.80
	中小学教师职业道德培训手册：师德的定义、养成与评估	9787515340777	32.00
★	好老师征服后进生的14堂课（美国著名教师伊莉莎白"好老师"三部曲）	9787500693819	39.90
	优秀班主任的50条建议：师德教育感动读本（《中国教育报》专题推荐）	9787515305752	23.00
学校管理/校长领导力			
★	学校管理最重要的48件事	9787515361055	39.80
	重新设计学习和教学空间：设计利于活动、游戏、学习、创造的学习环境	9787515360447	49.90
	重新设计一所好学校：简单、合理、多样化地解构和重塑现有学习空间和学校环境	9787515356129	49.00
	让樱花绽放英华	9787515355603	79.00
	学校管理者平衡时间和精力的21个方法	9787515349886	29.90
	校长引导中层和教师思考的50个问题	9787515349176	29.00

书名	书号	定价
如何定义、评估和改变学校文化	9787515340371	29.80
优秀校长一定要做的18件事（入选《中国教育报》"2009年影响教师的100本书"）	9787515342733	26.00

学科教学/教科研

书名	书号	定价
北京四中语文课：千古文章	9787515360973	59.00
北京四中语文课：亲近经典	9787515360980	59.00
从备课开始的56个英语创意教学：快速从小白老师到名师高手	9787515359878	49.90
美国学生写作技能训练	9787515355979	39.90
《道德经》妙解、导读与分享（诵读版）	9787515351407	49.00
京沪穗江浙名校名师联手教你：如何写好中考作文	9787515356570	49.90
京沪穗江浙名校名师联手授课：如何写好高考作文	9787515356686	49.80
人大附中中考作文取胜之道	9787515345567	39.80
人大附中高考作文取胜之道	9787515320694	33.80
人大附中学生这样学语文：走近经典名著	9787515328959	33.80
四界语文（中国教育报2017年度"教师喜爱的100本书"）	9787515348483	49.00
让小学一年级孩子爱上阅读的40个方法	9787515307589	39.90
让学生爱上数学的48个游戏	9787515326207	26.00
轻松100课教会孩子阅读英文	9787515338781	88.00

情商教育/心理咨询

书名	书号	定价
9节课，教你读懂孩子：妙解亲子教育、青春期教育、隔代教育难题	9787515351056	39.80
学生版盖洛普优势识别器（独一无二的优势测量工具）	9787515350387	169.00
与孩子好好说话（获"美国国家育儿出版物（NAPPA）金奖"，沟通圣经）	9787515350370	39.80
中小学心理教师的10项修炼	9787515309347	36.00
别和青春期的孩子较劲（增订版）（入选《中国教育报》"2009年影响教师的100本书"）	9787515343075	28.00
100条让孩子胜出的社交规则	9787515327648	28.00
守护孩子安全一定要知道的17个方法	9787515326405	32.00

幼儿园/学前教育

书名	书号	定价
用蒙台梭利教育法开启0~6岁男孩潜能	9787515361222	45.00
德国幼儿的自我表达课：不是孩子爱闹情绪，是她/他想说却不会说！	9787515359458	59.00
德国幼儿教育成功的秘密：近距离体验德国学前教育理念与幼儿园日常活动安排	9787515359465	49.80
美国儿童自然拼读启蒙课：至关重要的早期阅读训练系统	9787515351933	49.80
幼儿园30个大主题活动精选：让工作更轻松的整合技巧	9787515339627	39.80
美国幼儿教育活动大百科：3-6岁儿童学习与发展指南用书 科学/艺术/健康与语言/社会	9787515324265等	600.00
蒙台梭利早期教育法：3-6岁儿童发展指南（理论版）	9787515322544	29.80
蒙台梭利儿童教育手册：3-6岁儿童发展指南（实践版）	9787515307664	33.00
自由地学习：华德福的幼儿园教育	9787515328300	29.90
赞美你：奥巴马给女儿的信	9787515303222	36.00
史上最接地气的幼儿书单	9787515329185	39.80

	书名	书号	定价
	教育主张/教育视野		
	基于七个习惯的自我领导力教育设计：让学校育人更有道，让学生自育更有根	9787515362809	69.00
	终身学习：让学生在未来拥有不可替代的决胜力	9787515360560	49.90
	颠覆性思维：为什么我们的阅读方式很重要	9787515360393	39.90
	如何教学生阅读与思考：每位教师都需要的阅读训练手册	9787515359472	39.00
	"互联网+"时代，如何做一名成长型教师	9787515340302	29.90
	教出阅读力	9787515352800	39.90
	为学生赋能：当学生自己掌控学习时，会发生什么	9787515352848	33.00
	如何用设计思维创意教学：风靡全球的创造力培养方法	9787515352367	39.80
	如何发现孩子：实践蒙台梭利解放天性的趣味游戏	9787515325750	32.00
	如何学习：用更短的时间达到更佳效果和更好成绩	9787515349084	49.00
	教师和家长共同培养卓越学生的10个策略	9787515331355	27.00
★	如何阅读：一个已被证实的低投入高回报的学习方法	9787515346847	39.00
★	芬兰教育全球第一的秘密（钻石版）(《中国教育报》等主流媒体专题推荐，台湾地区教育类畅销书榜第一名)	9787515359922	59.00
	世界最好的教育给父母和教师的45堂必修课（《芬兰教育全球第一的秘密》2）	9787515342696	28.00
★	杰出青少年的7个习惯（精英版）(中小学图书馆推荐书目、中国青少年必读书目)	9787515342672	39.00
	杰出青少年的7个习惯（成长版）	9787515335155	29.00
★	杰出青少年的6个决定（领袖版）(中小学图书馆推荐书目、中国青少年必读书目、全国优秀出版物奖)	9787515342658	28.00
★	7个习惯教出优秀学生（第2版）(全球第一畅销书《高效能人士的七个习惯》教师版)	9787515342573	39.90
	学习的科学：如何学习得更好更快（入选中国教育网2016年度"影响教师的100本书"）	9787515341767	39.80
	杰出青少年构建内心世界的5个坐标（中国青少年成长公开课）	9787515314952	59.00
★	跳出教育的盒子（第2版）(美国中小学教学经典畅销书)	9787515344676	35.00
	夏烈教授给高中生的19场讲座（入选《中国教育报》"2013年最受教师欢迎的100本书"）	9787515318813	29.90
★	学习之道：美国公认经典学习书	9787515342641	39.00
★	翻转学习：如何更好地实践翻转课堂与慕课教学（中国教育新闻网2015年度"影响教师的100本书"）	9787515334837	32.00
★	翻转课堂与慕课教学：一场正在到来的教育变革	9787515328232	26.00
	翻转课堂与混合式教学：互联网+时代，教育变革的最佳解决方案	9787515349022	29.80
	翻转课堂与深度学习：人工智能时代，以学生为中心的智慧教学	9787515351582	29.80
★	奇迹学校：震撼美国教育界的教学传奇（中国教育新闻网2015年度"影响教师的100本书"）	9787515327044	36.00
★	学校是一段旅程：华德福教师1-8年级教学手记	9787515327945	32.00
★	高效能人士的七个习惯（30周年纪念版）(全球畅销书)	9787515360430	79.00

您可以通过如下途径购买：
1. 书　　店：各地新华书店、教育书店。
2. 网上书店：当当网（www.dangdang.com）、亚马逊中国网（www.amazon.cn）、天猫（zqwts.tmall.com）
　　　　　　京东网（www.360buy.com）。
3. 团　　购：各地教育部门、学校、教师培训机构、图书馆团购，可享受特别优惠。
　　购书热线：010-65511270／65516873

如何成为高效能教师

作者：（美）黄绍裘　黄露丝玛丽
定价：89.00元

- 美国教师培训第一书
- 一套完整的高效能教师培训系统和教师核心素养提升解决方案
- 全球销量超400万册
- 超值赠送60分钟美国最专业、最受欢迎网络教学视频
- 200页网络版主题教学拓展资源

卓越课堂管理

作者：（美）黄绍裘　黄露丝玛丽
定价：88.00元

- 获中国教育新闻网2015年度"影响教师的100本书"奖
- 获2016年第25届上海市中小学、幼儿园"优秀图书"奖
- 一套高效管理课堂的完整体系，为广大教师提供50种有效的课堂管理方案
- 并示范高效能教师的6套开学管理计划，让学生通过严格执行50种教育程序获得成功。